건강함을 상징하는 솔
우리 밥상에 매일 오르는 쌀과 숟가락

그리고
식사의 즐거움을 더해주는
한식 요리

윤숙자의 맛있는 한식 밥상

1판 1쇄 발행 2022. 5. 16.
1판 2쇄 발행 2022. 7. 26.

지은이 윤숙자

발행인 고세규
편집 봉정하 디자인 박주희 홍보 박은경 마케팅 신일희
발행처 김영사

등록 1979년 5월 17일 (제406-2003-036호)
주소 경기도 파주시 문발로 197(문발동) 우편번호 10881
전화 마케팅부 031)955-3100, 편집부 031)955-3200 | 팩스 031)955-3111

저작권자 ⓒ 윤숙자, 2022
이 책은 저작권법에 의해 보호를 받는 저작물이므로
저자와 출판사의 허락 없이 내용의 일부를 인용하거나 발췌하는 것을 금합니다.

값은 뒤표지에 있습니다.
ISBN 978-89-349-6191-8 13590

홈페이지 www.gimmyoung.com 블로그 blog.naver.com/gybook
인스타그램 instagram.com/gimmyoung 이메일 bestbook@gimmyoung.com

좋은 독자가 좋은 책을 만듭니다.
김영사는 독자 여러분의 의견에 항상 귀 기울이고 있습니다.

한식 요리 대가가 알려주는
매일 집밥 메뉴 79가지

기본재료로
건강하게 맛을 낸
한식 이야기

김영사

윤숙자의 맛있는 한식 밥상

윤숙자 지음

최고의
식사를
위하여

여는 글

　엄마 등에 업혀 고향인 개성을 떠나 남쪽으로 피난 온 세 살배기 여자아이는 어느덧 고희를 훌쩍 넘긴 나이가 되었습니다. 얼핏 한순간처럼 여겨지다가도 굽이굽이 지나온 여정을 돌이켜보면 가뿐히 건너온 세월은 아니었다는 생각이 들어요. 하긴 누구의 삶이 그렇지 않을까요. 자신의 인생을 녹록하게 통과한 사람은 아마 어디에도 없을 거예요.

　저의 삶은 평생 음식과 함께였지요. 삶 전부를 음식에 바쳤으니 저에게 음식인의 길은 '숙명'이라고밖에 달리 표현할 말이 없어요. 남다른 계기가 있어 문득 결연한 의지를 품고 뛰어든 길이라기보다는, 딱히 뚜렷한 출발점을 짚어내기 힘들 만큼 지극히 자연스럽고 당연하게 이어져온 길이라 그런 듯합니다.

　그래도 굳이 최초의 동기를 더듬어보자면 어린 시절 언제나 저의 입과 혀를 즐겁고 풍요롭게 해주셨던 어머니의 손맛을 계속 이어가고 싶다는 마음이었던 것 같아요. 그 단순한 동기가 저의 평생을 이끈 것이지요. 그리고 그 평생을 통해 연구한 내용이 이 책에 담겼습니다.

　20여 명의 연구진과 함께 수년간 혼신을 다해 국내 최초로 한식 조리법을 표준화한 것이 2007년이었습니다. 주먹구구식으로 구전되던 '적당량, 적당히' 등의 표현을 세계 공용 단위계인 cm, g, min(분) 등으로 표기함으로써 음식마다 조리 시간과 순서, 조리 도구, 적정 온도, 불의 세기에 이르기까지 완벽한 표준화가 이루어진 것이지요.

　그 결실로서 《아름다운 한국 음식 100선》과 《아름다운 한국 음식 300선》이 탄생했고, 특히 《아름다운 한국

음식과 함께 몸을
도모한다는 것은
자연과 조화를 이루는
가장 근원적이고
능동적인 삶의
방식인 것이지요.

음식 100선》은 한국어뿐 아니라 영어, 일어, 중국어, 프랑스어, 체코어, 아랍어, 스페인어 등 8개국 언어로 출간되었어요. 그 책들을 외국의 대학 도서관에 보급했을 때 한식의 기본 틀을 세운 것 같아 적잖은 기쁨과 긍지를 느꼈지요. 전 세계의 어느 누구라도 표준안을 따라 요리하면 동일한 맛이 날 수 있게 된 것이에요.

이 책은 그 표준안을 기본으로 삼되 일반인이 좀 더 쉽게 접근할 수 있도록 레시피를 재정리하고, 음식의 종류 또한 마음먹고 준비해야 하는 특별식이 아니라 일상적으로 해 먹을 수 있는 요리들을 중심으로 구성했어요. 모든 일과 마찬가지로 요리 또한 일정한 수준에 이르려면 각자가 반복적으로 시도해보는 과정이 전제되어야 하므로, '찐 초보자'가 이 책의 레피시를 따라 하기만 하면 단 한 번 만에 십수 년차 주부의 손맛을 따라잡을 수 있다고는 말할 수 없어요.

대신 그 '손맛'이라는 것의 핵심적 요인이 무엇인지를 이해하고 그 점들을 최대한 잘 적용할 수 있도록, 또한 상황과 형편에 따라 어떠한 변형과 응용이 가능한지 안내하고 있으므로, 본격적으로 음식을 만들어보지 않은 분들이라도 실패의 두려움 없이 요리를 주도할 수 있을 거예요. 또 평소 요리를 하긴 하지만 한식은 의외로 공정이 복잡하고 맛을 내기 어렵다고 여기는 분들도 적지 않은데, 이 책을 통해 그것이 선입견이었음을 체감할 수 있을 거예요. 하지만 '누구나 쉽게 만들 수 있다'는 것이 꼭 필요한 조리 과정이 대폭 축약되어 있다거나 조리 시간이 30분 걸리는 음식을 5분 만에 완성할 수 있다는 뜻은 아닙니다. 무조건 짧은 시간에 간단히 만들어 먹는 것이 목적이라면 인스턴트식품을 이기는 요리는 없겠지요.

이 책은 일반인이 좀 더 쉽게 한식에 접근할 수 있도록 레시피를 재정리하고, 음식의 종류 또한 일상적으로 먹을 수 있는 요리를 중심으로 구성했어요.

집밥보다 건강한 음식은 없을 거예요.
우리는 알게 모르게 집밥을
최고의 식사로 여기고 있어요.

사실상 외식 문화와 배달 음식이 너무 발달하여 웬만한 음식은 거의 모두 사 먹을 수 있게 되었지만, 아무리 거창하고 맛 좋은 요리라도 집밥보다 건강한 음식은 없다는 걸 부정하는 사람은 없을 거예요. 그리고 집밥이라 하면 역시 한식을 말하는 것일 테고요. 밖에서 사 먹는 한식이 맛도 훌륭하고, 건강에도 좋아 보이고, 정성도 깃들어 있다 여겨지면 대개 '집밥 같다'는 표현으로 찬사를 보내곤 하잖아요. 그만큼 우리는 알게 모르게 집밥을 최고의 식사로 여기고 있다는 뜻이겠지요.

이 책에 담긴 요리는 한국인이 가장 좋아하고 즐겨 먹는 것들로 이루어져 있으며, 따라서 한편으로는 별 특별할 것이 없는 흔한 메뉴처럼 보일 수 있지만, 집밥을 직접 만들어 먹고자 하는 이들을 위해 쓰인 책이므로 바로 그 '흔하다'는 것이 가장 중요한 점이 될 것입니다.

기본으로 늘 밥상에 올라가는 음식, 자주 먹어도 질리지 않는 음식, 누구나 잘 먹고 좋아하는 음식이 곧 흔한 음식이 되는 것이니까요. 그리고 대표성이란 그렇게 부여되는 것이고요.

이 책을 통해 한 가지 요리만으로도 소박하면서도 풍성하고 영양가 높은 밥상이 될 수 있다는 사실을 체감하고, 건강한 집밥의 힘을 다시 한번 확인하는 계기가 되길 바랍니다.

차례

여는 글 최고의 식사를 위하여 6

대가의 부엌
알아두면 요리가 쉬워지는 계량법 28
알아두면 좋은 기본 썰기 30
요리가 쉬워지는 양념 대공개 32
요리에 풍미를 더하는 천연 조미료 35
두고두고 쓰기 좋은 기본 육수 만들기 39
알아두면 좋은 기본 재료 손질법 42

1 밥을 짓다
비빔밥 52
소고기 김밥 54
콩나물밥 56
김치볶음밥 58
가지덮밥 60
잔치국수 62
비빔국수 64
전복죽 66
두부채소죽 68
떡국 70
최고의 요리 비법 맛있는 밥 짓기 72

2 든든한 국물 요리
소고기 미역국 80
북엇국 82
소고기뭇국 84
아욱국 86
육개장 88
어묵국 90
배추된장국 92
최고의 요리 비법 육수 만들기 94

3 입맛을 돋우는 찌개
김치찌개 102
된장찌개 104
강된장찌개 106
순두부찌개 108
청국장찌개 110
명란젓두부찌개 112
애호박젓국찌개 114
콩비지찌개 116
최고의 요리 비법 찌개 끓이기 118

4 밥상의 격을 높이는 탕, 찜, 전골
조개탕 126
대구탕 128
갈비탕 130
낙지전골 132
황태유부전골 134
불고기버섯전골 136
달걀찜 138
꽈리고추찜 140
소갈비찜 142
최고의 요리 비법 탕, 찜, 전골 요리 비법 144

5 자연을 닮은 나물 요리

오이볶음 154
가지볶음 154
두릅무침 155
도토리묵무침 155
탕평채 157
콩나물무침 157
실파무침 158
무생채 158

최고의 요리 비법 맛깔난 나물요리 159

6 재료들이 잘 섞여야 맛이 나는 조림과 볶음

소고기 꽈리고추 장조림 166
갈치무조림 168
고등어김치조림 170
감자조림 172
두부조림 174
제육볶음 176
궁중떡볶이 178
간편잡채 180
오징어볶음 182
닭갈비볶음 184

최고의 요리 비법 맛있는 조림·볶음 만들기 186

7 영양을 책임지는 구이와 전

바싹 불고기 194
너비아니 196
굴비구이 198
더덕구이 200
파산적 202
감자전 204
모듬전 206

최고의 요리 비법 구이와 전 만드는 비결 208

8 만들어두면 좋은 밑반찬

콩조림 217
깻잎자반 217
멸치볶음 219
오징어채볶음 219
연근조림 220
김부각 220

최고의 요리 비법 든든한 밑반찬 221

9 장아찌와 젓갈만 있어도 밥 한 공기 뚝딱

고추장아찌 231
깻잎장아찌 231
오이장아찌 233
알타리무장아찌 233
오징어젓 235
새우장 235
궁채장아찌 237
쌈추장아찌 237
간장게장 238

최고의 요리 비법 밥도둑 장아찌 담그기 240

한국인의 소울푸드, 김치

배추김치 244
열무물김치 246
오이송송이 248
총각무김치 250
파프리카백김치 252

최고의 요리 비법 김치 담그기 254

일러두기 재료의 양은 4인분을 기준으로 합니다.

- 촬영 표지 및 본문 요리 외 박재현 Grid Studio, 요리 백경호
- 진행 강경해, 박숙경, 이정옥, 임정희, 최은영 외 한국전통음식연구소 연구원
- 장소 협조 백인제가옥
- 그릇 협찬 김성훈도자기 www.kimsunghunshop.com
  　　　　　단고재온라인 www.edangozai.com
  　　　　　열매달 www.yeolmaedal.co.kr

대가의 부엌

모든 요리에는 기본이 있다

모든 요리에는 기본이 있다

  모든 일에는 '기본'이라는 것이 있습니다. 그 일을 해내기 위한 기초 혹은 밑바탕을 의미할 것인데, 그것은 때로 근원이나 본질과 동의어가 되기도 하지요. 그만큼 기본을 이해하거나 갖추는 것이 중요하기 때문일 거예요. 기본을 소홀히 여기면 뭔가를 아무리 덧붙여도 모든 것이 어그러지기 마련입니다.

  요리도 마찬가지예요. 꼭 전문적인 요리사가 되려는 것이 아니라도, 꼭 화려하고 거창한 요리를 하려는 것이 아니라도, 기본을 제대로 아는 것이 매우 중요해요. 하물며 라면 한 그릇을 끓일 때도 여러 가지 기본적인 요소들에 의해 맛이 달라지잖아요. 불의 세기, 물의 양, 면의 익힘 정도, 조리 시간 같은 것들 말이에요.

  물론 맛에 대한 취향은 제각기 다르기 때문에 가장 표준적인 레시피가 모든 개인에게 가장 훌륭한 레시피라고는 할 수 없어요. 언제나 가장 중요한 건 레시피 자체가 아니라 그 음식을 먹는 '사람'이니까요. 그리고 그것은 음식을 만드는 이가 기본적으로 품어야 할 마음이겠지요. 하지만 표준을 이해해야 변형도 가능한 법이에요. 표준이라는 건 예외를 잘라낸 틀에 박힌 형식이 아니라 그 예외들까지 포함한 무수한 경험치가 쌓여 결정화된 기준이거든요. 때때로 요리의 고수들이 레시피를 알려주며 '적당히'라는 표현을 쓰는데, 이 말에는 사실상 아주 많은 노하우와 그에 따른 세부적인 내용을 포함하고 있지요.

요리의 기본 자세

○ 테이블의 높이는 요리하는 사람의 배꼽 정도가 적당하지만, 요리하는 사람이 불편하지 않은 높이면 괜찮아요.

○ 요리할 때는 몸을 오른쪽 혹은 왼쪽으로 15도쯤 틀고, 다리는 차렷과 열중쉬어의 중간 넓이로 자연스럽게 서주세요.

○ 조리법에 따라 음식이 보약이 될 수도 있고 독이 될 수도 있으므로, 정확한 조리법과 음식의 궁합을 잘 맞춰서 조리하는 것이 중요해요.

○ 좋은 식재료를 가지고 정성스러운 마음으로 먹는 사람을 배려하여 만들면, 먹는 사람이 음식을 통해 감동을 받아 힐링도 되고 무엇보다 건강해지지요.

　　　이 책에서 소개하고 있는 기본만 잘 따르면 누구나 수준급의 요리를 만들어낼 수 있답니다. 참고로 이 책에 소개된 레시피는 기본 4인분을 기준으로 구성되어 있어요. 인분을 줄일 때는 그에 비례하여 양념의 양을 딱 맞게 줄이면 약간 싱거울 수 있으니 양념을 조금 더 넣고, 반대로 인분을 늘릴 때는 그에 비례한 양보다 양념을 조금 덜 넣으면 됩니다.

알아두면 요리가 쉬워지는 계량법 ①

계량 기구

① **저울** 무게를 측정하는 기구로 g, kg으로 나타내요. 저울을 사용할 때는 평평한 곳에 수평으로 놓고 바늘은 '0'에 고정되어 있어야 해요.

② **계량컵** 부피를 측정하는 기구로 나라마다 1컵 분량이 조금씩 다른데, 우리나라는 1컵 분량이 200ml예요.

③ **계량스푼** 양념 등의 부피를 측정할 때 사용하며, 큰술(T.S)과 작은술(ts)로 구분해요.

계량법

① **가루 상태의 식품** 덩어리가 없는 상태에서 용기에 수북이 담은 뒤 누르지 말고 표면이 평면이 되도록 깎아서 계량해요.

② **액체 식품** 기름, 간장, 물, 식초 등은 투명한 용기를 사용하고, 계량컵이나 계량스푼에 가득 채워 계량해요. 이때 정확성을 기하려면 계량컵의 눈금과 액체의 메니스커스meniscus의 밑선이 동일하게 맞도록 읽어야 해요.

③ **고체 식품** 된장이나 다진 고기 등은 계량컵이나 계량스푼에 빈 공간이 없도록 채워 표면을 평면이 되도록 깎아서 계량해요.

계량 단위

① 1컵(200cc) = 13큰술 + 1작은술 = 물 200g(1회용 종이컵과 비슷함)

② 1큰술(15cc) = 3작은술 = 밥숟가락 약 1½ = 물 15g

③ 1작은술(5cc) = 밥숟가락 약 ½ = 물 5g

알아두면 좋은 기본 썰기 ②

반달썰기 무, 감자, 당근, 호박 등을 길이로 반을 가른 뒤 원하는 두께만큼 반달 모양으로 써는 방법이에요.

은행잎썰기 감자, 당근, 무 등을 십자 모양으로 4등분하여 원하는 두께만큼 은행잎 모양으로 써는 방법이에요.

어슷썰기 오이, 당근, 파 등의 가늘고 길쭉한 재료를 적당한 두께로 어슷하게 써는 방법이에요. 주로 볶음, 찌개 등에 이용돼요.

나박썰기 골패썰기와 같이 무, 당근 등의 둥근 재료를 원하는 길이로 토막 내어 가장자리를 자른 후 가로·세로의 길이가 비슷한 사각형으로 반듯하고 얇게 써는 방법이에요.

깍둑썰기 무, 감자 등을 가로·세로·두께 모두 2cm 정도로 주사위 모양처럼 써는 방법이에요. 주로 깍두기, 찌개, 조림 등에 이용돼요.

채썰기 무, 감자, 오이, 호박 등을 얄팍썰기 하여 이를 비스듬히 포개어놓고 손으로 살짝 누르면서 가늘게 채를 써는 방법이에요. 주로 생채, 구절판, 무채 등에 이용돼요.

다져썰기 채썰기를 가지런히 모아 잘게 써는 방법으로 크기는 될수록 일정하게 써는 것이 좋아요. 주로 파, 마늘 등을 다져 양념을 만드는 데 이용돼요.

돌려깎기 오이 등을 5cm 길이로 토막 낸 뒤 껍질을 얄팍하게 돌려가며 깎는 방법이에요.

요리가 쉬워지는
양념 대공개 ③

초간장
전이나 부침 등을 먹을 때 곁들이는 양념장으로, 간장 1큰술, 식초 1큰술, 물 1큰술을 동량으로 넣고 잣가루를 뿌려 만들고, 단맛을 원할 때는 간장 1큰술, 식초 ½큰술, 설탕 1작은술을 넣어 만들어요.

초고추장
주로 회를 먹을 때 곁들이는 양념장으로, 고추장 2큰술, 식초 1큰술, 설탕 ½큰술을 넣고 고루 섞어 만들어요.

겨자즙
생채나 숙채에 곁들이는 양념장으로, 겨잣가루에 40℃의 따뜻한 물을 동량의 비율로 넣고 섞어 상온에 한 시간 정도 두거나, 김이 오른 냄비 위에 엎어 10분 정도 발효시켜 설탕과 식초, 간장을 넣고 잘 섞어서 사용해요. 구절판, 겨자채를 비롯해 각종 양념장에 사용해요.

불고기 양념간장
소고기 300g을 기준으로 간장 2큰술, 설탕 1큰술, 다진 파 1큰술, 다진 마늘 1큰술, 깨소금 ½큰술, 후춧가루 ⅕작은술, 참기름 1큰술을 넣고 고루 섞어 만들어요. 단맛을 더하기 위해 배즙과 양파즙을 넣기도 해요.

맛간장
파, 양파, 마늘, 다시마, 사과 등 갖은 향채와 과일을 간장과 함께 달여 만든 장으로, 조림, 볶음, 고기 요리 등에 사용돼요. 얇게 저민 생강 20g, 마늘 30g, 채썬 양파 200g, 통후추 1큰술, 물 2컵을 끓인 뒤 걸러 만든 향신즙 1컵에, 간장 2ℓ, 설탕 1kg을 넣고 끓인 다음 맛술 1½컵, 청주 1컵을 넣고 끓으면 불을 끈 뒤 사과 ½개, 레몬 ½개를 슬라이스해서 넣어요. 뚜껑을 덮어두고 24시간 뒤 체에 밭쳐 냉장 보관해요.

❶ 국간장(청장)
❷ 양조간장
❸ 진간장
❹ 조림맛간장
❺ 맛된장
❻ 고추장
❼ 매콤볶음장
❽ 불고기양념간장
❾ 초고추장
❿ 초간장
⓫ 겨자즙
⓬ 무침양념장

조림 맛간장

기름 없는 팬에 양파 200g을 채썰어 갈색이 나도록 볶은 다음 간장 3컵, 청주 ½컵, 물엿 ½컵, 설탕 ⅔컵, 생강 7g, 마늘 50g, 통후추 1큰술을 넣고 중불에서 15분 정도 끓여 식힌 뒤 냉장 보관해요.

맛된장

팬에 들기름 1½큰술을 두르고 대파를 송송 썰어 넣어 수분을 날린 다음, 그릇에 된장 500g, 다진 마늘 ½작은술, 참기름 ½큰술, 매실청 2큰술, 참치액젓 ½큰술, 멸치가루 2큰술, 표고버섯가루 2큰술, 황태가루 3큰술, 새우가루 2큰술을 넣고 섞은 뒤 냉장고에서 일주일 숙성시켜요. 육수 없이 간편하게 된장국이나 각종 찌개를 만들 때 사용해요.

매콤 볶음장

고추장 1컵, 고춧가루 1컵, 설탕 3큰술, 후춧가루 1작은술, 생강가루(즙) 1작은술, 진간장 3큰술, 물엿 3큰술, 다진 마늘 3큰술, 청주(맛술) 3큰술을 모두 섞어 하루 정도 숙성시켜요. 좀 더 매콤한 맛을 원한다면 청양고춧가루를 절반쯤 섞어요. 제육볶음, 오징어볶음, 낙지볶음, 닭볶음탕 등에 사용해요.

만능 무침 양념장

간장 6큰술, 고춧가루 6큰술, 설탕 6큰술, 다진 마늘 2큰술, 액젓(멸치, 까나리) 3큰술, 식초 3큰술을 잘 섞어요. 상추, 부추 등의 겉절이와 무침류에 사용해요. 겉절이를 만들 때는 통깨와 참기름을 넣어요.

요리에 풍미를 더하는 천연 조미료 ④

천연 조미료를 만들어두면 짧은 시간에 감칠맛 나는 건강한 국물 요리를 만들 수 있어요. 뼈째 갈은 멸치가루는 다양한 반찬에 사용하여 일상적으로 칼슘을 섭취할 수 있고, 다시마, 표고버섯, 새우, 무 등은 국물 요리의 맛을 내는 데 사용되는 대표적인 재료로 가루로 만들어두면 무침이나 조림, 찜 등 다양한 요리에 사용 가능하지요. 밀폐용기에 넣어 냉장 보관하면 재료별로 15일에서 1개월까지 두고 먹을 수 있답니다.

가루 조미료

① **새우가루** 마른 새우 배쪽의 잔가시를 깨끗이 제거하고 팬에 볶은 후 분쇄기에 곱게 갈아요. 이때 팬에 기름을 두르지 않아요.

② **표고버섯가루** 생표고버섯을 채반에 널어 갓이 거북이 등처럼 갈라질 때까지 햇볕이나 식품건조기에서 말리거나, 처음부터 말린 표고버섯을 구입하여 자른 뒤 팬에 기름 없이 볶아 분쇄기에 곱게 갈아요.

③ **황태가루** 속살만 잘게 잘라 기름 없는 팬에 볶거나, 오븐에서 5분 정도(150℃) 구워낸 다음 분쇄기에 곱게 갈아요.

④ **들깨가루** 깨끗이 씻어 기름 없는 팬에 볶아 분쇄한 뒤 냉장 보관해요(냉동 보관하면 더 오래 보관할 수 있어요). 오래 두면 불쾌한 냄새가 나므로 가급적 조금씩 만들어 빨리 사용하고 보관에 주의하세요. 고소하고 향이 독특해서 국, 찌개, 나물무침, 샐러드드레싱 등 다양하게 사용할 수 있어요.

⑤ **다시마가루** 바싹 말려 분쇄기로 곱게 갈아요. 음식의 맛을 개운하고 깔끔하게 하는 다시마가루는 국물 요리를 할 때 넣으면 감칠맛을 더해주지만, 너무 많이 넣으면 씁쓸한 맛이 나요.

⑥ **멸치가루** 큰 멸치를 머리와 내장을 떼어낸 뒤 햇볕이나 전자레인지에 바싹 말려 기름 없는 팬에 볶아 분쇄기에 곱게 갈아요. 이때 비린 맛을 완전히 없앤 뒤 만들어야 오래 보관할 수 있고, 요리했을 때 잡내가 나지 않아요.

❶ 새우가루
❷ 표고버섯가루
❸ 황태가루
❹ 들깨가루
❺ 다시마가루
❻ 멸치가루
❼ 무가루
❽ 양파설탕
❾ 대추설탕

❶ 마늘기름
❷ 깻잎기름
❸ 로즈마리기름
❹ 고추기름

⑦ **무가루** 무는 깨끗이 씻어 얇게 나박썰기한 다음 채반에 널어 볕에서 바싹 말리거나 식품건조기에 잘 말린 뒤 분쇄기에 생강가루 ½큰술과 마른 무를 넣어 곱게 갈아요. 생강을 섞어 함께 가루를 내면 더욱 칼칼한 맛을 내며, 맑은 콩나물국이나 북엇국에 넣으면 해장국으로 일품이에요.

⑧ **양파설탕** 조각조각 썬 양파를 식품건조기에 잘 말린 뒤 수분기가 다 날아가면 믹서에 곱게 갈아요. 생각보다 양이 적게 나오기 때문에 양파를 넉넉히 쓰는 게 좋아요. 당뇨병 환자나 다이어트를 위해 설탕 대용으로 사용할 수 있고, 깊고 은근한 단맛을 내기 때문에 찌개, 볶음, 무침 등 다양한 요리에 사용할 수 있어요.

⑨ **대추설탕** 대추 씨를 제거하고 식품건조기를 이용하거나 햇볕에 딱딱해질 때까지 말린 뒤 기름 없는 팬에 한 번 더 볶아 완전히 수분을 없앤 다음 믹서에 곱게 갈아요. 설탕을 만들면 흑설탕과 비슷한 질감이 돼요. 갈비찜이나 불고기 등에 넣으면 잘 어울려요.

향신유

① **로즈마리기름** 로즈마리 3~4줄기, 마늘 3개, 마른 고추 2개, 통후추 10개, 올리브유 5컵을 용기에 넣고 마개를 덮은 뒤 내용물이 잘 섞이도록 하루에 한 번씩 흔들어 2주 정도 숙성시켜요. 로즈마리는 살균, 소독, 두통 완화에 효능이 있는 허브로, 주로 외국 요리에 쓰이지만 요즘엔 한식에도 많이 사용하고 있지요. 해산물이나 스테이크를 밑간할 때 넣으면 잡내가 없어지고, 육질도 부드러워져 구이나 볶음 요리에도 잘 어울려요.

② **마늘기름** 마늘 200g을 씻어 물기를 제거한 뒤 얇게 편을 썰어 병에 담고 포도씨유 400ml를 부어 2주간 숙성시켜요. 마늘 기름은 육류나 생선의 잡내 제거에 탁월하며, 볶음과 구이에 잘 어울려요.

③ **깻잎기름** 깻잎자반을 만들 때 깻잎을 튀겨내고 남은 기름이에요. 고기를 볶거나 샐러드드레싱으로 사용해도 좋아요.

④ **고추기름** 냄비에 기름(포도씨유, 식용유) 600g을 붓고 얇게 채썬 대파 50g, 양파 60g, 마늘 20g, 생강 20g을 넣은 다음 약불에서 채소가 갈색이 나도록 익혀 기름에 향신채의 맛과 향이 배면 불을 끄고 향신채를 건져요. 온도를 올려 기름이 뜨거워지면 불을 끈 후 일반 고춧가루 100g과 매운고춧가루 30g을 붓고 뚜껑을 덮어 1시간 그대로 두었다가 기름이 식으면 면포나 커피 필터에 걸러요. 고추기름은 볶음 요리, 육개장, 순두부찌개 등에 넣으면 좋아요.

향신즙

① **향신즙** 무, 배, 양파, 마늘 각각 300g, 생강 50g을 착즙기로 즙을 만들어 아이스

큐브 용기에 담아 냉동 보관해요. 생선의 비린내와 육류의 누린내를 제거하며, 특히 생선과 육류의 산성을 알칼리성과 중화시켜 건강에도 좋아요.

② **생강술** 다진 생강 1컵에 청주 3컵을 붓고 24시간 우린 뒤 생강이 가라앉으면 웃물만 따라 용기에 담고 재탕할 때는 청주 1컵을 넣어 우려요. 조림, 볶음, 국, 찌개 등에 넣어 먹으면 좋고, 특히 생선이나 닭 요리에 넣으면 비린내와 누린내 제거에 탁월해요. 보관은 반드시 냉장 보관해야 해요.

두고두고 쓰기 좋은
기본 육수 만들기
⑤

소고기 육수

재료
소고기(양지 또는 사태) 600g, 무 100g,
향채(대파 뿌리째 1대, 양파 1개, 마늘 30g, 통후추 1큰술), 물 5ℓ

만드는 법

1. 소고기 600g 이상의 많은 양으로 육수를 만들 때는 덩어리째 물에 1시간 정도 담가 핏물을 뺀 뒤 3조각으로 잘라 찬물에 넣고 센 불에서 20분 정도 끓이다 무와 향채를 넣고 중불로 낮추어 50분 정도 더 끓여요.
2. 300g 이하의 적은 양으로 육수를 만들 때는 면포로 핏물을 닦은 뒤 찬물에 넣고 센 불에 올려 끓으면 향채를 넣은 뒤 중불에서 뭉근하게 40분 더 끓여요.

° 육수를 끓이는 도중 거품이 떠오르면 걷어주고, 고기가 익으면 건져내 국물을 면포에 걸러요. 고기는 편육으로 먹기도 하고, 찢거나 썰어서 국 건더기나 고명으로 사용해요.
° 소고기 육수는 대부분의 음식에 잘 어울려요. 대개 양지와 사태를 사용하는데, 무엇보다 신선한 소고기를 선택하는 것이 가장 중요해요.
° 너무 센 불에서 끓이면 국물이 탁해져요.
° 고기를 건진 육수를 차갑게 식힌 뒤 굳은 기름을 걷어내고 면포에 거르면 더욱 깔끔한 육수가 돼요.
° 대파를 뿌리째 사용할 때는 물에 담가 뿌리 틈새의 흙을 깨끗이 씻어야 돼요.

닭고기 육수

재료
닭 1마리, 닭발 100g, 향채(대파 1대, 양파 1개, 마늘 50g, 생강 15g), 물 4ℓ

만드는 법
1. 닭은 꼬리와 내장을 제거하고 깨끗이 씻은 뒤 끓는 물에 살짝 데쳐 찬물에 가볍게 씻어요.
2. 닭 몸통과 닭발을 물과 함께 냄비에 넣고 센 불에 올려 끓으면, 향채를 넣고 5분 정도 더 끓이다 중약불로 낮추어 1시간 정도 푹 끓여요.
3. 고기가 익으면 닭과 향채를 건져낸 뒤 닭살은 찢어 사용하고, 국물은 면포에 걸러요.

○ 닭칼국수나 닭죽 등에도 좋지만, 닭 육수로 솥밥을 하면 깊은 풍미가 더해져요.

멸치 육수

재료
멸치 50g, 건표고버섯 3개, 다시마 3장(가로·세로 7cm), 물 3ℓ

만드는 법
1. 멸치는 머리와 내장을 떼어내고, 기름을 두르지 않은 마른 팬에서 2분 정도 볶아요.
2. 물에 표고버섯과 멸치를 넣고 센 불에 올려 끓으면 중약불로 낮추어 15분 정도 더 끓여요.
3. 다시마를 넣고 불을 끈 다음 10분 정도 그대로 두었다가 면포에 걸러요.

○ 디포리, 마른새우 등을 같이 넣으면 요리의 감칠맛을 더할 수 있어요.

황태 육수

재료
북어 대가리 2개, 다시마 2장(가로·세로 7cm), 대파 뿌리째 1대, 무 100g, 물 3ℓ

만드는 법
1. 냄비에 물과 함께 무, 북어 대가리, 다시마를 넣고 센 불에 올려 끓으면 파를 넣고 중약불로 낮추어 30분 정도 더 끓여요.
2. 다시마를 넣어 불을 끄고 10분 정도 그대로 두었다가 면포에 걸러요.

채소 국물

재료
무 100g, 다시마 4장(가로·세로 5㎝), 건표고버섯 3개, 양파 70g, 대파 100g,
건고추 1개(또는 고추씨 10g), 물 3ℓ

만드는 법

1. 냄비에 물과 건표고버섯, 무를 넣고 센 불에 올려 끓으면 대파, 고추, 양파를 넣고 중불로 낮추어 20분 정도 은근하게 끓인 뒤 다시마를 넣어 불을 끈 다음 10분 정도 그대로 두었다가 면포에 걸러요.

° 당근, 양배추, 배추 등 냉장고에 있는 자투리 채소들을 사용해도 돼요.

다시마 국물

재료
다시마 8장(가로·세로 5㎝), 물 2ℓ

만드는 법

1. 뜨거운 물(70℃)에 다시마를 넣고 20분 정도 우린 다음 다시마를 건져내요.

° 다시마 국물을 급하게 만들 때는 전자레인지 전용 용기에 채썬 다시마와 넉넉한 물을 넣고 뚜껑을 연 채로 8분 데운 뒤 10분 후 맛이 우러나오면 사용해요.
° 다시마 국물은 계란찜, 맑은 국, 찜, 이유식 요리 등에 적합해요.
° 다시마의 맛 성분인 글루탐산나트륨은 100℃ 이하에서 잘 우러나오며, 오래 끓이면 알긴산이 많이 나와 국물이 맑지 않고 쓴맛이 나요.
° 가쓰오부시 국물을 내고 싶다면, 다시마 국물 만들기 과정과 똑같이 하다 불을 끄고 다시마를 건져낸 뒤 한 김 식힌 다음 국물에 가쓰오부시를 넣고 완전히 식힌 뒤 면포에 거르면 돼요.

쌀뜨물

° 쌀을 물에 넣고 가볍게 2회 정도 씻어 버린 뒤 가볍게 비벼서 필요한 물의 양을 부어 만들어요. 쌀의 전분이 우러나와 구수한 맛을 내고, 된장이나 고추장의 짠맛과 떫은맛을 중화시켜주기 때문에 된장찌개나 고추장찌개, 생선찌개를 만들 때 사용하면 좋아요.

알아두면 좋은 기본 재료 손질법 ⑥

곡류

① **멥쌀** 물에 불리는 시간은 여름에는 30분 정도, 겨울에는 90분 정도가 적당하고, 죽을 끓일 때는 2시간 정도 불려요.

② **찹쌀** 물에 30분~1시간 정도 불리고, 멥쌀보다 물을 적게 넣어요.

채소류

① **파** 뿌리 부분을 자른 뒤 겉잎을 벗기고 씻어서 흰 부분은 양념으로 사용하고, 중간 부분은 고명으로 사용하고 푸른 부분은 육수를 낼 때 사용해요.

② **양파** 뿌리 부분과 윗부분을 자른 뒤 껍질을 벗기고 깨끗이 씻어요. 양파즙을 만들 때는 겉껍질을 벗긴 뒤 강판에 갈아 면포에 짜면 돼요.

③ **마늘** 껍질을 벗긴 뒤 깨끗이 씻어 통째로 사용하거나 편으로 썰거나 다져서 양념으로 사용해요.

④ **생강** 껍질을 벗긴 뒤 깨끗이 씻어 사용하고, 생강즙을 만들 때는 껍질을 벗긴 뒤 강판에 갈아 면포에 짜면 돼요.

⑤ **오이** 겉을 소금으로 문질러 깨끗이 씻어요.

⑥ **우엉·연근** 전용 칼이나 칼등으로 껍질을 벗긴 뒤 식초 물에 담그거나 식초 물에 살짝 데쳐 변색을 방지해요.

⑦ **시금치** 뿌리를 칼로 잘라낸 뒤 누런 잎을 떼어내고, 굵은 것은 반 정도 갈라요. 데칠 때는 끓는 물에 소금을 넣고 뿌리부터 넣어 살짝 익힌 뒤 찬물에 헹궈요.

⑧ **배추** 억센 겉잎은 떼어내고 밑동을 자른 뒤 한 장씩 떼어 씻어 사용하거나, 김치를 담글 때는 뿌리 부분을 열십자로 칼집을 넣고 길이로 반을 잘라 소금물에 절여 사용해요.

⑨ **무** 무청과 꼬리 부분은 잘라내고 솔로 깨끗이 문질러 씻어 헹궈요.

⑩ **고추** 꼭지를 떼고 어슷썰기하거나 반으로 갈라 씨를 빼고 채썰어요.

⑪ **애호박** 깨끗이 씻은 뒤 길게 반을 갈라 반달썰기하거나 돌려 깎아 채썰어요.

⑫ **콩나물·숙주** 머리와 꼬리를 떼어 사용하거나 꼬리만 떼어 깨끗이 씻어요.

⑬ **건나물**(고사리 등) 물에 8시간 정도 불려 사용해요.

육류

① **소고기** 구이나 볶음은 안심이나 등심 부위, 국이나 탕 및 조림에는 양지머리, 사태를 이용해요. 찜과 조림에는 우둔, 사태, 갈비 등을 이용하며, 육회나 육포 및 장조림에는 우둔살이 적합하고, 부채살, 살치살, 치마살은 육즙이 풍부하고 기름이 적당히 있어 구이용으로 적합하지요. 핏물을 닦은 뒤 힘줄을 떼고 알맞은 크기로 자른 다음 칼등이나 고기망치로 두들겨 육질을 부드럽게 만들어요.

② **돼지고기** 소고기보다 빠른 속도로 부패하기 때문에 주의해야 해요. 사용할 양만큼 나누어 2~4℃에서 보관하고, 장기 보관할 때에는 급냉시키는 것이 좋아요. 다지거나 얇게 썬 돼지고기는 비닐 팩에 담아 공기를 완전히 뺀 뒤 보관하고, 덩어리 고기는 압축하거나 식용유를 발라 공기와의 접촉을 막고 보관해요.

③ **닭고기** 육질이 부드러워 구이, 볶음, 찜 등으로 조리하거나 국을 끓여 먹으면 좋아요. 색은 분홍빛이나 크림색이 도는 것이 좋으며, 겉껍질에 털구멍이 오돌토돌 튀어나온 것이 신선해요. 손질할 때는 노란 기름 덩어리와 볼록하게 나온 꽁지와 날개 끝을 잘라내요.

어패류

① **조기** 꼬리 쪽에서부터 머리 쪽으로 비늘을 긁어낸 뒤, 지느러미는 자르고 내장을 빼낸 다음 깨끗이 씻어요.

② **오징어** 몸통과 다리가 붙어 있는 부분에 손을 집어넣어 내장이 터지지 않도록 잡아당겨 꺼낸 뒤, 눈 바로 윗부분을 잘라 내장은 버리고, 몸통은 껍질을 벗겨요.

③ **낙지** 낙지 머리를 뒤집어 내장과 눈을 떼어낸 뒤, 굵은 소금과 밀가루를 넣고 바락바락 주무르며 물에 씻어요.

④ **조개** 소금물에 담가 해감한 뒤, 껍데기를 바락바락 주무르며 물에 씻어요.

⑤ **굴·조갯살** 소금물에 담가 살살 흔들어가며 씻은 뒤 체에 받쳐 물기를 빼요.

⑥ **게** 게는 솔로 깨끗이 씻은 뒤 게딱지를 분리해 아가미와 모래주머니를 떼어내고 다리 끝마디를 자른 다음 몸통을 먹기 좋은 크기로 등분하거나 통째로 사용해요. 특히 게의 배쪽 둥근 껍질을 벗기면 하얀색 아가미가 들어 있는데 물이 드나드는 필터 역할을 하는 곳으로 식중독을 일으킬 수 있으므로 반드시 떼어내고 사용해요.

⑦ **새우** 등 쪽에 꼬챙이를 찔러 내장을 꺼낸 뒤, 머리와 껍질을 벗겨 사용하거나 꼬리 바로 위에 있는 삼각형 모양의 뾰족한 부분만 떼고 사용해요.

1 밥을 짓다

잘 지은 밥 한 그릇의 행복

잘 지은 밥 한 그릇의 행복

한국인은 '밥심'으로 산다고들 합니다. 밥심이란 말 그대로 밥을 먹으면 나는 힘이지요. "밥은 먹고 다니냐"가 한국영화사에 남을 명대사로 꼽히고, 이를 제목으로 한 텔레비전 프로그램도 생긴 것은 우연이 아닙니다. 한국 사람이라면 누구나 그 말에 담긴 복합적인 의미를 직감할 수 있을 거예요. 그것은 단지 밥을 먹는 행위 자체에 대한 질문이라기보다는 별일 없냐, 평안하냐, 잘 살고 있냐 등과 같이 생활 전반의 안부를 묻는 말이지요.

모두가 가난하던 옛 시절, 쌀밥은 그야말로 부의 상징이었어요. 생일날 소원이 무엇이냐 물으면 너나 할 것 없이 '흰 쌀밥 한 그릇'이라고 할 정도였지요. 그런 시절을 건너오느라 서로의 끼니를 염려하는 것이 안녕을 확인하는 가장 적절한 인사가 된 것인지도 모르겠어요.

지금은 쌀밥 한 공기 먹는 것이 평생의 소원이라 말하는 이가 있을까 싶은 세상이 되었고, 하루 세 끼를 주야장천 밥으로만 챙겨 먹는 이들도 그리 많지는 않겠지만, 여전히 우리에게 쌀밥은 매일 먹어도 물리지 않는 식사인 것만은 분명하지요. 부드럽게 씹히면서도 희고 깨끗한 색과 구수한 향, 담백하고 고소하면서도 약간의 단맛을 내는 쌀밥의 독특한 맛이 오감을 만족시켜주기 때문입니다. 물론 맛뿐만 아니라 영양 면에 있어서도 쌀밥이 우수한 성분을 고루 갖추고 있다는 건 누구나 잘 알고 있는 사실이에요. 날이 갈수록 세계 각국의 음식 문화가 유입되어 각종 음식들이 범람하고 있지만, 아직까지 밥은 우리에게 없어서는 안 되는 주식입니다. 밥만 잘 지으면 별다른 반찬이 없어도 한 끼 식사가 더없이 맛있어지는 건 그 때문이지요.

'밥'이란 우리 생활의 중심이자 생존의 핵심을 상징하는 단어입니다. 나아가 한국인의 혼이 담긴 음식이지요. '밥이 보약'이라는 말이 왜 있겠어요.

밥상의 질은 결국
밥이 결정합니다.
가장 기본이 되는 것이자
중심을 잡아주는 음식이기
때문이지요.
그 사실을 잊지 않는다면
반찬이 김치 하나뿐이더라도
더없이 흡족한 밥상을 차릴
준비가 된 셈이지요.

제가 어릴 때는 가마솥에 밥을 지어 먹었어요. 반세기도 훌쩍 지난 기억이지만, 어머니가 가마솥을 정성껏 닦으시던 모습이 여전히 눈에 선해요. 가마솥은 모두 세 개였지요. 가장 큰 가마솥에는 겨울에 씻을 물을 끓였고, 중간 가마솥에는 밥을 지었으며, 제일 작은 가마솥에는 국을 끓였어요. 어머니가 매일같이 가마솥들을 얼마나 열심히 닦으셨던지 얼굴이 비칠 정도로 반질반질했답니다.

그렇게 윤기 나는 가마솥에 성심을 다해 지어주신 밥은 그 자체로 맛 좋은 보약이었다는 건 백번 강조해도 모자랄 거예요. 제가 지금껏 건강을 유지할 수 있는 것도 어린 시절 매일 먹은 그 밥 때문일 거라 믿어 의심치 않습니다. 무엇보다 밥이 지어질 때의 고소한 향기를 잊을 수 없어요. 포근하고 행복한 기운이 부엌을 넘어 마당까지 새어 나오노라면, 어머니가 문지르시던 가마솥이 마치 알라딘의 램프처럼 보였답니다.

화려하고 거창한 요리가 특별한 식사의 추억으로 남기도 하지만, 밥상의 질은 결국 밥에 의해 좌우돼요. 가장 기본이 되는 것이자 중심을 잡아주는 음식이기 때문이지요. 비단 흰 쌀밥뿐만 아니라 보리·수수·조·콩·팥 등을 섞어 지은 잡곡밥이나 채소류·어패류·육류 등을 섞어 지은 별미밥도 마찬가지예요. 그 사실을 잊지 않는다면 반찬이 김치 하나뿐이더라도 더없이 흡족한 밥상을 차릴 준비가 된 셈이지요.

비빔밥 ①

고슬고슬하게 지은 밥과
갖은 나물만 있으면
만들 수 있는 요리

1 밥을 짓다 　　잘 지은 밥 한 그릇의 행복

고슬고슬하게 지은 밥 위에 갖은 나물을 올려 쓱쓱 비비면 든든한 한 끼 식사가 되죠. 미리 약고추장을 만들어두었다면 더욱 좋겠지만 간장 양념에 비벼 먹어도 맛있게 먹을 수 있어요. 재료들을 응용해 나만의 비빔밥을 만들어도 좋아요.

재료

멥쌀 2 ½컵(밥물 3컵)
참기름 2작은술
애호박 1개(소금 ½작은술)
껍질 벗긴 도라지 200g
(소금 1작은술)
불린 고사리 200g
소고기(우둔) 120g
달걀 2개
다시마 3g
식용유 2큰술

양념장

간장 ⅔큰술
설탕 1작은술
다진 파 1작은술
다진 마늘 ½작은술
깨소금 1작은술
후춧가루 ⅛작은술
참기름 1작은술
다시마 3g
식용유 2큰술

약고추장

고추장 5큰술
다진 소고기 20g
꿀 1큰술
설탕 ½큰술
다진 파 2작은술
다진 마늘 1작은술
참기름 1½큰술

만드는 법

1. 애호박은 채썰어 소금에 5분 정도 절인 뒤 물기를 닦아주고, 도라지는 채썰어 소금을 넣고 2분 주무른 뒤 10분 두었다가 헹구어 물기를 짜요. 고사리는 5cm 길이로 썰어주세요. 소고기는 핏물을 닦아 채썰어요. 고사리와 채썬 소고기를 각각 양념장에 무쳐요.
2. 달걀은 황백지단을 부쳐 채썰어요.
3. 팬을 달구어 식용유를 두르고 도라지, 애호박, 소고기와 고사리 순서로 각각 볶아요.
4. 다시마는 중불에서 10초 정도 튀겨 굵게 부숴요.
5. 약고추장은 팬이나 냄비에 참기름을 두르고 다진 파와 다진 마늘을 볶다가 다진 고기를 넣은 다음 고추장, 꿀, 설탕을 넣고 볶아 만들어요.
6. 밥에 참기름을 넣고 가볍게 섞어서 그릇에 담고 준비한 재료와 약고추장, 부순 다시마 부각을 올려요.

Tip 맛있는 요리 꿀팁

° 쌀을 불리지 않고 지을 때는 물의 양을 쌀 중량의 1.2배 정도로 하고, 불린 쌀로 지을 때는 물의 양을 쌀의 부피와 동량으로 하면 돼요.

° 밥을 지을 때 다시마를 넣으면 맛 성분인 글루타민산이 밥에 감칠맛을 더해줘요. 또 사골 국물로 밥을 지어도 구수하고 깊은 감칠맛을 낼 수 있지요.

° 고사리와 도라지 대신 버섯이나 당근, 양파를 넣어도 좋아요. 표고버섯은 불려서 기둥을 제거하고 포를 떠서 5cm 길이로 채썰고, 느타리버섯은 가닥가닥 떼어 데친 뒤 각각 양념해서 볶으면 돼요. 당근은 채썰어 볶다가 소금으로 간하면 돼요.

° 약고추장을 만들 때 잣과 견과류를 볶아 다져 넣어주면 더욱 고소해요. 으깬 두부를 넣으면 짠맛이 줄어 저염식 약고추장이 돼요.

소고기 김밥 ②

소풍날 엄마가 싸주시던
추억의 맛

1 밥을 짓다 　 잘 지은 밥 한 그릇의 행복

엄마가 소풍날 정성스레 싸주시던 김밥에 얽힌 추억이 있을 거예요. 아침부터 온마을에 참기름 냄새가 진동을 하면, 아이들이 모두 소풍을 가는 날이었죠. 요즈음 김밥집에 가면 참치, 돈가스, 새우튀김, 떡갈비 등 다양한 김밥을 즐길 수 있지만, 그래도 별다른 재료가 들어가지 않은 엄마가 싸주신 김밥이 제일 기억에 남아요.

재료

김 6장
멥쌀 2컵(밥물 2½컵)
다진 소고기 100g
당근 ¼개(소금 ¼작은술)
오이 ½개(소금 ¼작은술)
단무지 70g
달걀 2개
소금 ¼작은술
식용유 1큰술

밥 양념

소금 ¼큰술
참기름 1큰술
깨소금 1작은술

소고기 양념

간장 2작은술
설탕 ½작은술
다진 파 ½작은술
다진 마늘 ¼작은술
깨소금 1작은술
후춧가루 ⅛작은술
참기름 ½작은술

만드는 법

1. 고슬고슬하게 지은 밥에 소금, 참기름, 깨소금을 넣고 양념해요. 이때 밥알이 으깨지지 않도록 가볍게 섞어주세요.
2. 소고기는 핏물을 닦아 분량의 양념을 넣고 주물러줘요. 만약 고기를 좋아하지 않는다면 유부를 채썰어 볶아 넣어도 맛있어요.
3. 달걀은 소금을 넣고 풀어놓아요. 당근은 껍질을 벗기고, 오이는 소금으로 깨끗이 씻어 씨 부분을 제거한 뒤 각각 길이 20cm, 폭·두께 0.7cm로 썰고, 소금을 넣어 5분 절인 뒤 물기를 빼요.
4. 팬은 달군 뒤 식용유를 둘러 달걀지단을 두툼하게 부쳐 길이로 썰고, 물기를 제거한 오이와 당근을 볶고, 양념한 고기를 볶아 그릇에 펼쳐 식혀요.
5. 김발 위에 구운 김을 놓고 밥을 고르게 편 뒤 반 자른 김을 중앙에 깔고 그 위에 재료를 놓고 둥글게 꼭꼭 말아 썰어요.

> **Tip** 맛있는 요리 꿀팁

° 김밥을 만 뒤에는 곧바로 썰지 말고 이음새 부분을 아래쪽으로 향하게 잠시 두었다 완전히 붙은 뒤 썰어야 김밥이 터지지 않고 깨끗하게 잘려요. 또 눌러 썰지 말고 톱질하듯이 썰어야 깨끗하고 예쁜 김밥을 먹을 수 있어요.

° **마약김밥** 앞의 방법대로 김밥을 만든 뒤, 연겨자소스를 만들어 찍어 먹으면 돼요. 연겨자 소스는 연겨자 1½큰술, 물 ½큰술, 설탕 2큰술, 소금 1작은술, 다진 청양고추 1개, 다진 홍고추 ½개, 다진 양파 1큰술을 넣어 만들어요.

° **마늘종김밥** 오이나 시금치 대신 마늘종을 넣어도 별미예요. 마늘종은 끓는 물에 소금을 넣고 파랗게 데친 뒤 물기를 빼고 달구어진 팬에 참기름을 둘러 살짝 볶아주세요.

콩나물밥 ③

한 그릇에 비타민과 단백질,
탄수화물을 담은 영양의 조화

콩나물과 양념한 소고기를 넣고 콩나물밥을 만들면 굳이 다른 반찬은 필요 없어요. 맛있게 만든 양념장과 함께 비비면 한 그릇 뚝딱입니다. 더구나 콩나물밥은 콩나물의 비타민 C와 소고기의 단백질도 섭취할 수 있는 영양 만점의 음식이랍니다.

재료
멥쌀 2컵(밥물 2½컵)
콩나물 400g
소고기(우둔) 100g

소고기 양념
간장 1작은술
다진 파 1작은술
다진 마늘 ½작은술
참기름 ½작은술

비빔양념장
간장 2큰술
설탕 1작은술
다진 파 ½큰술
다진 마늘 1작은술
고춧가루 1작은술
참기름 1작은술
통깨 ½큰술

만드는 법
1. 쌀은 깨끗이 씻어 30분 정도 불린 뒤 체에 밭쳐 물기를 빼요.
2. 콩나물은 다듬어 씻은 뒤 물기를 빼고, 소고기는 4cm 길이로 채썰어 양념해요.
3. 솥에 양념한 소고기를 넣고 불린 쌀을 넣은 뒤 물을 부어 센 불에 올려 4분 정도 끓이다 중불로 낮추어 밥물이 잦아들면 콩나물을 얹어 5분 정도 끓여요.
   * 압력밥솥을 이용할 때는 밥솥에 불린 쌀과 물을 넣고 그 위에 양념 소고기, 콩나물 순으로 올리면 돼요.
4. 콩나물밥을 주걱으로 위아래 고루 섞은 다음 약불에서 5분 정도 뜸을 들여요.
5. 비빔양념장과 함께 내요.

Tip 맛있는 요리 꿀팁
° 콩나물에서 수분이 나오므로 일반 밥보다 물을 적게 넣어주세요.
° 콩나물밥은 지어 오래 두면 콩나물의 수분이 빠져 가늘고 질겨져 맛이 없어지므로, 가급적이면 먹는 시간과 분량을 맞추어 밥을 지어야 해요.
° 소고기 대신 표고버섯, 닭가슴살, 돼지고기 안심, 손질된 꼬막 살을 사용해도 좋아요.
° 봄에 콩나물밥을 할 때는 제철채소인 냉이를 조금 넣어도 좋아요. 쌉쌀하면서 향긋한 냉이가 콩나물의 비린 맛을 잡아주어 맛이 더욱 풍성해져요.

김치볶음밥 ④

언제 먹어도 맛있고
누구나 좋아하는 볶음밥

1 밥을 짓다　　잘 지은 밥 한 그릇의 행복

맛있게 익은 김치와 밥을 볶은 후 김이 모락모락 나는 달걀프라이를 올리면 절로 침이 꿀꺽 넘어가죠. 바쁜 워킹맘이라면 넉넉하게 만들어서 밀폐용기에 담아 냉동해두었다가 반찬 없을 때 꺼내어 먹어도 좋아요.

재료

배추김치 250g
밥 2공기
다진 소고기 80g
양파 ⅛개
애호박 ⅕개
식용유 2큰술

밥 볶음양념

굴소스 1작은술
설탕 ⅓작은술
참기름 1큰술
후춧가루 ⅛작은술

만드는 법

1 밥은 고슬고슬하게 짓고, 배추김치는 속을 털어낸 뒤 가로·세로 1cm 길이로 썰고, 양파와 애호박은 굵게 다져요.

2 팬을 달군 뒤 식용유를 두르고 다진 양파를 볶다 다진 소고기와 후춧가루를 넣고 살짝 익으면 애호박과 김치, 설탕을 넣고 같이 볶아요.

3 밥을 넣고 볶다가 굴소스로 간을 맞추고 참기름을 넣어요. 기호에 따라 달걀프라이를 밥 위에 올려 먹어도 좋아요.

Tip 맛있는 요리 꿀팁

° 신김치를 볶을 때 설탕을 조금 넣으면 신맛과 쓴맛을 잡을 수 있어요.

° 소고기 대신 돼지고기나 햄, 참치 등을 넣어도 좋아요.

° 참기름 대신 들기름이나 버터를 넣고 볶으면 또 다른 풍미를 느낄 수 있어요.

° 대파 기름이나 깻잎 기름을 만들어 밥을 볶으면 더욱 깔끔하고 담백한 맛이 나요.

° **김치두루치기** 잘 익은 김치 400g을 한입 크기로 썰어 물기를 꼭 짠 뒤 설탕 ½큰술을 넣어 식용유를 두른 팬에 볶아 팬의 한쪽에 두고, 돼지고기 200g에 양념(맛간장 ⅔큰술, 고춧가루 ½큰술, 다진 마늘 2작은술, 다진 생강 1작은술, 후춧가루 ⅛작은술)을 넣고 볶아요. 돼지고기가 익으면 가래떡과 물 ½컵을 넣고 잘 섞어가며 볶다가 대파 1대를 송송 썰어 넣어요.

가지덮밥 ⑤

가지의 색다른 매력을
맛볼 수 있는
한 그릇 요리

가지는 보통 나물로 먹지만, 차돌박이와 볶아 덮밥으로 먹으면 색다른 맛을 느낄 수 있어요. 이것저것 반찬 만들기도 힘든 더운 여름날, 뚝딱 만들어 먹는 한 그릇 요리로 최고! 가지는 비타민 함량이 높아 스트레스 완화와 피로 회복에도 좋답니다.

재료

밥 2공기
가지 2개
소금 2작은술
차돌박이 100g
작은 청고추 1개
작은 홍고추 ½개
양파 ¼개
식용유 2큰술
통깨 1작은술

양념

간장 1큰술
된장 1큰술
고춧가루 1큰술
맛술 1작은술
올리고당 1큰술
생강즙 ½작은술
다진 마늘 1작은술
다진 파 ½큰술
참기름 1작은술

만드는 법

1 가지는 길이로 ½등분하여 세모로 썰고 소금을 뿌려 살짝 절인 뒤 물기를 짜요.
2 차돌박이는 먹기 좋은 크기로 자르고, 청·홍고추는 2cm 길이로 어슷썰기하고, 양파는 굵게 다져요.
3 달군 팬에 식용유를 두르고 가지를 넣고 볶다가 차돌박이와 준비해둔 분량의 양념 재료를 넣고 볶은 뒤 청·홍고추와 다진 양파를 넣고 볶아요.
4 그릇에 밥을 담고 가지볶음을 밥 위에 올린 다음 통깨를 뿌려요.

Tip 맛있는 요리 꿀팁

° 가지는 기름에 볶거나 튀기면 보라색이 더 진해져요.
° 닭고기나 돼지고기 대신 차돌박이를 넣기 때문에 고기에 따로 양념하는 번거로움이 없어요.
° 다진 양파를 넣으면 아삭하게 씹히는 맛과 단맛을 더해줘요.

° **건가지강정** 말린 가지 1컵을 쌀뜨물에 가볍게 씻은 뒤 전분가루를 고르게 묻힌 다음 팬에 식용유를 넉넉히 붓고 140℃에서 바싹하게 튀겨요. 팬에 양념장(맛간장 1큰술, 조청 1큰술, 맛술 1큰술, 굴소스 ⅓작은술, 설탕 ½작은술)을 넣고 끓으면 튀긴 가지와 견과류를 넣어 고루 섞어요.

잔치국수 ⑥

호로록 잔치국수 한 사발과
함께 피어나는 가족의 사랑

가는 밀국수를 더운 장국에 말아 고명을 얹은 음식으로 온면이라고도 불러요. 하얗고 긴 면발이 장수의 의미를 담고 있어, 회갑연이나 돌잔치가 열리는 경삿날에 건강과 행복을 기원하는 마음으로 함께 나누어 먹던 음식이었지요. 가족들과 모여 호로록 잔치국수 한 사발을 먹으며 담소를 나누어 보세요.

재료

국수(소면) 300g
애호박 ⅔개(소금 ½작은술)
달걀 1개
식용유 1큰술
청장(국간장) 1큰술
소금 ½큰술

육수

소고기(사태) 200g
물 12컵

향채

대파 40g
마늘 20g

만드는 법

1. 냄비에 핏물 닦은 소고기와 물을 넣고 센 불에 끓인 뒤 향채를 넣고 중불로 낮추어 50분 정도 더 끓여요.
2. 잘 익은 소고기는 건져 길이 4cm, 폭 1cm 정도로 썰고, 국물은 면포에 걸러 육수를 내요.
3. 애호박은 5cm 길이로 잘라 돌려 깎은 뒤 채썰어 소금에 절였다가 물기를 닦고 달궈진 팬에 볶아 식혀요. 달걀은 황백지단을 부쳐 4cm 길이로 채썰어요.
4. 센 불에 물을 끓여 국수를 넣고, 끓어오르면 물 ½컵을 붓고, 또 끓어오르면 나머지 물 ½컵을 부어 30초 정도 더 끓인 뒤 국수를 찬물에 비벼 씻고 채반에 건져 물기를 빼요.
5. 냄비에 육수를 붓고 센 불에 끓인 뒤 청장과 소금으로 간하고, 한소끔 끓여요.
6. 그릇에 국수를 담아 장국을 붓고, 소고기·애호박·황백지단 채를 얹어요.

Tip 맛있는 요리 꿀팁

° 멸치 육수를 만들 때 표고와 다시마를 넣으면 좋아요. 멸치 육수에 달걀 1개를 줄알 치고 김치를 잘게 다져 풀어 올려 먹어도 맛있어요.

° 멸치 육수를 끓일 때 파뿌리나 양파 껍질을 넣으면 잡내를 없앨 수 있어요.

° 여름에는 시원한 장국에 양념한 김치를 올려 김치말이 국수를 만들어 먹어도 좋아요.

골뱅이소면 통조림 골뱅이 200g을 국물을 빼고 2~3등분해서 그릇에 담고, 채썬 양배추 60g과 채썬 양파 ¼개, 양념장(고추장 2큰술, 고춧가루 1큰술, 간장 ⅔큰술, 식초 1½큰술, 올리고당 1큰술, 맛술 1큰술, 다진 마늘 ½큰술, 통깨 1큰술, 참기름 1큰술)을 넣어 버무린 다음 삶은 소면 100g을 곁들여요.

비빔국수 ⑦

어릴 적 할머니가
만들어주시던 간장 비빔국수

삶은 국수에 볶은 소고기와 표고버섯, 오이, 황백지단을 넣고 간장 양념에 고루 비벼 먹는 음식으로 골동면이라고도 해요. 밀면이나 메밀면 등 어떤 종류의 면이라도 괜찮고, 비빔 재료도 기호와 계절에 따라 바꿀 수 있어요. 비빔국수라 하면 초고추장을 넣은 새콤달콤한 국수를 떠올리지만, 간장 양념 비빔국수도 아주 별미예요.

재료

국수(소면) 400g
참기름 1큰술
다진 소고기(우둔) 100g
표고버섯 3개
오이 1개(소금 ½작은술)
달걀 2개
홍고추 1개
식용유 1작은술

소고기 및 표고버섯 양념

간장 1큰술
설탕 ½큰술
다진 파 2작은술
다진 마늘 1작은술
깨소금 1작은술
참기름 1작은술
후춧가루 ⅛작은술

비빔 양념장

간장 3큰술
설탕 2큰술
참기름 1큰술
깨소금 1큰술

만드는 법

1. 핏물을 제거한 소고기와 불린 표고버섯을 0.3cm로 채썬 후 각각 양념하여 팬에 식용유를 두르고 볶아줍니다.
2. 오이는 소금으로 비벼 씻고 2등분한 뒤 어슷썰기하여 소금에 살짝 절인 후 물기를 닦아 아삭하게 볶아요. 달걀은 황백지단을 부쳐 5cm 길이로 채썰어요. 홍고추도 채썰어요.
3. 센 불에 물을 끓여 국수를 넣고, 끓어오르면 물 ½컵을 붓고, 또 끓어오르면 나머지 물 ½컵을 부어 30초 정도 더 끓인 뒤 국수를 찬물에 비벼 씻고 채반에 건져 물기를 뺀 다음 참기름에 무쳐요.
4. 3의 국수에 소고기와 표고버섯, 오이, 양념장을 넣고 고루 버무린 다음 그릇에 담아요. 마지막으로 황백지단, 홍고추를 고명으로 얹어요.

> **Tip 맛있는 요리 꿀팁**
>
> ° 국수를 삶아 물기를 뺀 다음 바로 참기름을 넣고 무치면 국수가 쉽게 붙지 않아서 좋아요.
> ° 쫄깃한 면발의 국수를 먹고 싶다면 센 불에서 삶아주세요.
> ° 찬물에 얼음을 넣어 헹구면 면발이 탱글탱글하고 쫄깃해요.
>
> ° **고추장비빔국수** 고추장 4¼큰술, 간장 1큰술, 설탕 1⅔큰술, 깨소금 1큰술, 참기름 1큰술로 양념장을 만들어 면과 비벼요. 배추김치를 1cm 정도로 썰어 함께 무쳐도 별미예요.

전복죽 ⑧

보양이 필요할 때
생각나는 죽

1 밥을 짓다   잘 지은 밥 한 그릇의 행복

해초류를 먹고 살아 전복은 단백질과 비타민 함량이 높고 칼슘과 인 등 무기질이 풍부해요. 요즘은 전복을 비교적 쉽게 구할 수 있어 다행이지만, 조선시대에는 임금의 수라상에 오를 만큼 귀한 대접을 받은 식재료였어요. 특히 전복죽은 진시황이 불로장생의 강장제로 애용했을 정도로 훌륭한 보양식이에요.

재료

쌀 1¼컵
물 8컵
전복 2개
참기름 1큰술
청장 1작은술
소금 ½작은술

만드는 법

1. 쌀은 씻어 2시간 정도 불려 물기를 빼주세요.
2. 전복은 솔로 깨끗하게 씻은 뒤 내장이 없는 쪽으로 숟가락을 넣어 껍질과 살을 분리하여 내장과 이빨을 떼어낸 다음 얇게 저며요.
3. 냄비에 참기름을 두르고 전복을 볶다가 쌀을 넣고 쌀알 표면이 투명해질 때까지 볶은 다음 물을 붓고 센 불에 끓인 뒤 중불로 낮추고 뚜껑을 덮어 가끔 저으면서 30분 정도 끓여요.
4. 쌀알이 충분히 퍼지고 적당한 농도가 되면 청장과 소금으로 간을 맞추고 한소끔 끓여요.

Tip 맛있는 요리 꿀팁

- 전복은 반드시 살아 있는 것으로 해야 비린내가 없어요.
- 전복은 통통하고 윤기가 나며 손으로 눌렀을 때 탄력 있는 것이 좋아요. 또 흠집이 없고, 살이 위로 가도록 뒤집었을 때 오므라드는 것이 신선해요.
- 밥으로 죽을 간편하게 끓일 수 있어요. 이때 밥과 물의 비율은 1:5로 하면 돼요.
- **전복내장죽** 손질한 전복의 내장과 살을 분리한 뒤 살은 얇게 저미고 내장은 잘게 썰어요. 달궈진 팬에 참기름을 두르고 전복 내장과 다진 마늘, 다진 파, 청주를 조금 넣고 볶다가 불린 쌀을 넣어 더 볶은 다음 쌀알 표면이 투명해지면 물을 부어 끓여요. 물이 끓어오르면 중불로 낮추고 쌀알이 퍼질 때까지 잘 저으며 끓여요. 전복살은 간장, 설탕, 참기름, 후추를 넣어 볶은 뒤 전복죽 위에 고명으로 올려요.

두부채소죽
⑨

소화도 잘되고
포만감도 주는 저염식 죽

쌀가루와 두부, 채소를 넣고 끓여 소화도 잘되고 포만감도 주는 저염식 죽이에요. 두부는 대표적인 완전식품으로 단백질 함량이 높고 지방 함량과 칼로리는 낮아 다이어트 식품으로 꼽히지요. 여러 가지 건강한 채소를 동시에 섭취할 수 있어 영양가 있는 한 끼 식사로 충분합니다.

재료

두부 1모(300g)
당근 ¼개
시금치(또는 브로콜리) 20g
표고버섯 2개
참기름 1큰술
채소 국물 4컵
쌀가루 1컵
소금 ½큰술

채소 국물(4컵)

무 100g
표고버섯 10g
양파 50g
대파 50g
다시마 20g
건고추 5g
물 2ℓ

만드는 법

1. 냄비에 물과 무, 표고버섯, 양파, 대파, 건고추를 넣고 센 불에 올려 끓으면 중불로 낮추어 20분 정도 은근하게 끓이다 다시마를 넣고 불을 끈 다음 10분 정도 그대로 두었다가 건더기를 건져 채소 국물을 만들어 식혀 두세요.
2. 두부는 잘게 으깨고 당근, 시금치, 표고버섯은 굵게 다져요.
3. 냄비에 참기름을 두르고 두부, 당근, 표고버섯을 넣고 볶다가 식힌 채소 국물 4컵에 쌀가루를 넣어 중불에서 7분간 저어주며 끓이다가 시금치를 넣고 3분 정도 더 끓여주세요.
4. 재료들이 잘 어우러지며 익으면 소금으로 간하고 한소끔 끓여요.

Tip 맛있는 요리 꿀팁

° 오래 끓이지 않아야 맛있어요.
° 미니분쇄기에 두부와 채소를 넣고 다지면 편리하게 만들 수 있어요.
° 남으면 소분하여 냉동 보관했다가 아침 식사로 먹으면 좋아요.
° 냉장고에 있는 채소들을 활용해도 되고, 연두부나 순두부를 사용해도 좋아요.

° **두부냉채** 두부 1모를 뜨거운 물에 튀긴 뒤 가로·세로 1.5cm 두께로 썰어 냉장고에 넣어 식혀요. 당근 ¼개, 콜라비 40g, 샐러리 30g, 오이 ½개는 길이로 반을 잘라 길이 4cm, 폭 1.5cm로 어슷하게 썰어요. 그릇에 재료를 넣고 냉채 소스(연겨자 1큰술, 간장 1큰술, 소금 ¼작은술, 식초 1큰술, 레몬즙 1큰술, 설탕 1큰술, 참기름 1작은술)를 뿌려요.

떡국 ⑩

소고기 육수와
부드러우면서도 쫄깃한 떡이
어우러진 든든한 한 끼

새해 첫날, 나이를 한 살 더하며 먹는 음식이 바로 떡국이지요. 하얀 떡은 일 년을 준비하는 깨끗한 마음, 새로운 탄생을 의미합니다. 또 길게 뽑은 가래떡은 무병장수의 의미를 담고 있고요. 요즘은 마트에서도 쉽게 흰떡을 구할 수 있어서 새해가 아니어도 어느 때고 즐길 수 있어요. 만두를 한두 개 넣으면 더욱 든든한 한 끼가 됩니다.

재료
흰떡 600g
대파 ¼대
달걀 1개

육수
소고기 300g
물 10컵
대파 20g
마늘 10g

소고기 양념장
간장 ½작은술
다진 파 1작은술
다진 마늘 1작은술
후춧가루 ⅛작은술

떡국 양념
청장 1작은술
소금 ½큰술

만드는 법
1. 냄비에 핏물 닦은 소고기를 넣고 물을 부어 센 불에서 끓인 뒤 대파와 마늘을 넣고 20분 정도 더 끓여요.
2. 익은 소고기는 건져 결대로 찢어 분량의 재료로 양념하고, 국물은 식혀 면포에 걸러 육수를 만들어요.
3. 냄비에 육수를 붓고 센 불에서 끓인 뒤 흰떡을 넣어요.
4. 떡이 익어 떠오르면 어슷썰어 둔 대파를 넣고 청장과 소금으로 간을 맞춘 뒤 한소끔 끓인 다음 그릇에 담아 고기와 황백지단을 고명으로 올려요.

Tip 맛있는 요리 꿀팁
° 육수에 떡국 떡을 넣고 너무 오래 끓이면 풀어지니 끓이는 시간을 적당히 해야 해요.
° 소고기 육수는 소고기를 덩어리로 물에 넣어 만들기도 하지만, 얇게 썰어 양념해 볶다가 물을 넣고 끓여 만들기도 해요.
° 소고기가 없다면 닭이나 멸치로 육수를 내도 좋아요. 또 소고기와 닭을 같이 넣고 끓이면 깊은 감칠맛이 나는 육수를 만들 수 있지요.

° **닭장떡국** 닭 500g을 토막 내어 간장 1컵, 설탕 3큰술, 마늘 50g을 넣고 닭장조림을 만들어둡니다. 닭장조림을 넣고 물을 부어 끓여 육수를 내고 떡국 떡을 넣어 끓여요.

최고의 요리 비법

*맛있는 밥 짓기

Q 좋은 쌀을 고르는 방법을 알려주세요.

A 맛있는 밥을 짓는 데 있어 가장 중요한 것은 좋은 쌀이에요. 쌀알이 고르고 투명하며, 쌀눈이 많고 윤기가 흐르는 쌀이 좋아요.

Q 쌀 씻는 방법에 따라 밥맛이 달라지기도 하나요?

A 쌀은 물이 닿으면 최대한 빠르게 물을 흡수하기 때문에 처음 씻을 때 물에 오래 담가두면 쌀겨 냄새가 물에 녹아 쌀에 흡수돼요. 따라서 처음에 씻을 때는 쌀에 물을 충분히 부어 가급적 재빨리 부드럽게 휘저은 뒤 물을 버리는 게 좋아요. 그다음에는 가볍게 문지르며 2~3회 씻어 불순물을 제거해주세요. 그리고 맑은 물이 나올 때까지 헹구면 됩니다. 또한 쌀을 너무 박박 비비면 쌀눈이 떨어져 나가 맛과 영양이 손실되고, 너무 가볍게 씻으면 밥을 지었을 때 안 좋은 냄새가 날 수 있으므로 적당히 문질러 씻어야 해요.

Q 쌀을 물에 불리면 맛이 더 좋아지나요?

A 맛있는 밥을 지으려면 쌀에 수분이 충분히 흡수되어야 하는데, 너무 오랜 시간 물에 불리면 힘과 윤기가 없어져 오히려 좋지 않아요. 여름에는 30분 정도, 겨울에는 1시간 30분 정도 불리면 적당합니다. 불린 쌀은 체에 밭쳐 10분 정도 물기를 빼주세요. 잡곡밥을 지을 때는 물에 2시간 이상 충분히 불린 다음 체에 밭쳐 물기를 빼주세요.

Q 남편은 된밥, 아이들은 진밥을 좋아하는데, 한 번에 두 가지 밥을 지을 방법이 있을까요?

A 솥에 쌀을 넣을 때, 쌀의 일부를 한쪽으로 몰아 물 위로 올라오게 하면 그 부분은 된밥이 되고, 물에 잠긴 부분은 진밥이 돼요.

최고의 요리 비법

*맛있는 밥 짓기

Q 밥을 지을 때 물의 양은 어느 정도가 적당할까요?

A 쌀을 불리지 않고 밥을 지을 때는 물의 양을 쌀 중량의 1.2배 정도로 넣고, 불린 쌀로 지을 때는 쌀과 물의 양을 1:1로 하면 돼요.
현미나 잡곡으로 밥을 지을 때는 1.7배 정도 물을 넣고, 찹쌀은 0.9~1배 정도의 물을 넣어요.

Q 냄비에 밥을 지을 때 불 조절은 어떻게 해야 할까요?

A 처음에는 센 불에서 밥을 끓여주세요. 밥이 끓기 시작하면 4분 정도 더 끓인 다음 중불로 낮추고 3분 정도 더 끓인 뒤 약불에서 10분 정도 뜸을 들여야 해요. 뜸을 들이면 밥알의 속까지 수분이 골고루 퍼져 탄력 있고 윤기가 흐르는 밥이 됩니다.

Q 밥을 푸기 전 주걱으로 밥 전체를 섞어주던데, 그렇게 하는 이유가 있나요?

A 밥알이 깨지지 않도록 주의하면서 주걱으로 밥의 위아래를 가볍게 섞어주면 공기가 적당히 들어가 밥에 남아 있는 수분이 증발하면서 밥알이 고슬고슬해지고, 또 밥이 쉽게 굳지 않게 되지요.

Q 밥이 설익었어요. 맛있는 밥으로 만들 수 있을까요?

A 밥의 양에 따라 적절한 양의 뜨거운 물을 설익은 부분에 골고루 뿌려서 다시 뜸을 들이면 돼요.

Q 초간편 밥 짓기 방법이 있을까요?

A 전자레인지용 그릇에 쌀과 물의 양을 1:1.2로 하여 넣고 랩을 씌운 다음 랩에 구멍을 뚫은 뒤 전자레인지에 15분간 가열하면 돼요.

2 든든한 국물 요리

몸을 살리는 국물

몸을 살리는 국물

　　국은 한식 상차림에서 밥과 함께 가장 기본이 되는 음식입니다. 물론 찌개가 국을 대신하기도 하지요. 국물을 좋아하는 사람들이 살찌기 쉽다는 이야기가 있어 다이어트를 위해 건더기만 건져 먹거나 아예 국이나 찌개를 밥상에 올리지 않는 경우도 있다고 하지만, 모든 일이 그렇듯 언제나 과했을 때 문제가 생기는 것이지 매사 적당하면 균형은 쉽게 무너지지 않아요.

　　우리의 국은 몸에 좋은 재료들로 만들어지기 때문에 도리어 보양이 되는 것들이 아주 많아요. 국물의 맛을 좌우하는 육수만 해도 그래요. 소고기, 닭고기, 멸치와 다시마, 조개 등 영양소가 풍부한 재료에서 폭 우려낸 국물은 원기 회복과 면역력 강화에 더없이 좋습니다. 이유식이나 미음을 만들 때 그러한 육수들을 사용하는 데는 다 그만한 이유가 있는 것이지요. 또한 어떤 육수에 어떤 재료를 넣느냐에 따라 수십 가지의 국을 만들 수 있는데, 맑은 것은 맑은 것대로, 진한 것은 진한 것대로 각각의 맛과 영양을 뽐낸답니다.

　　꼭 그런 이유가 아니라도 밥을 먹을 때 반드시 국이 있어야 한다는 사람들이 아주 많아요. 식사를 시작할 때 제일 먼저 국을 한 숟가락 떠먹는 이들도 적지 않지요. 어릴 때부터 보고 익힌 무의식적인 버릇일 수도 있겠지만, 국물은 빈속을 따뜻하게 데워주고 부드럽게 달래주어 본격적으로 음식물을 섭취할 수 있는 준비 상태로 만들어주니 현명한 식습관이라고도 할 수 있겠어요. 우리의 한상차림과 달리 서구의 식사는 코스로 이루어져 있는데, 식전 음식 중 하나로 수프를 먹는 것도 같은 이유

한식의 국은 몸에 좋은 재료들로
만들어지기 때문에 보양이 되어요.
국물은 빈속을 따뜻하게 데워주고
부드럽게 달래줍니다.

생명을 지키는 가장 중요한 원천은 음식. 음식을 취한다는 것은 자연을 취하는 것과 같은 이치입니다.

일 거예요. 물론 국물에 대한 선호는 한국인 특유의 성향이지만요. 오죽하면 '국물 문화'라는 말이 있겠어요?

저희 할아버지와 아버지도 밥상을 받으시면 우선 국그릇에서 국물을 한술 뜨시는 것으로 식사를 시작하셨지요. 당연히 어머니는 매 끼니마다 국물 요리를 준비하셨고요. 반찬도 반찬이지만 무엇보다 어떤 국을 끓일지 신중을 기하셨던 것이 기억나요. 맑은 국은 새우젓·멸치·소고기·닭고기로 육수를 내고, 진한 국은 된장이나 고추장을 풀어 만드셨어요.

아이를 낳고 시어머님이 끓여주신 미역국도 생각납니다. 저는 4남매 중 늦둥이 막내로 태어나 친정어머니의 연세가 일흔이 넘으셨을 때 아이를 낳은 탓에 어머니에게 산후 조리를 부탁할 수가 없었어요. 그래서 아이를 낳자마자 시댁으로 들어가 몸조리를 하게 되었지요. 시어머님은 손수 미역국을 끓여 하루에 네다섯 번씩 가져다주셨어요. 집에서 담근 간장과 참기름을 넣고 미역을 달달 볶아 뽀얗게 끓인 미역국 맛이 얼마나 감칠맛 있었던지 한 달 내내 먹어도 물리지가 않았어요.

"몸을 편하게 하는 근본은 음식에 있으며 어떤 음식이 올바른지를 알지 못하면 건강을 도모할 수 없다." 이는 생명을 지키는 가장 중요한 원천이 음식임을 정확히 일깨워주는 지침이라 할 수 있어요. 음식을 취한다는 것은 자연을 취하는 것과 같은 이치이니까요. 사람의 몸이 곧 자연이기 때문입니다. 우리 조상들은 참으로 슬기롭게도 이러한 섭생의 원리를 철저하게 지켜왔습니다. 그것이 자연의 이치와 함께 우주적 섭리를 지키는 길이라고 생각했기 때문일 거예요. 그러한 정신이 담긴 음식이 바로 한식인 것입니다.

소고기
미역국 ①

생일날뿐만 아니라
일 년 열두 달 언제 먹어도
맛있는 국

한솥 가득 끓여 놓고 하루 종일 먹어도 물리지 않아, 식탁에 자주 등장하는 국이에요. 불린 미역과 소고기를 넣고 청장으로 간하여 끓인 국이에요. 갈조식물인 미역은 칼로리가 낮고 비타민과 무기질이 풍부한 알칼리성 식품으로 체내 노폐물을 배출하고 부기를 내리는 효과가 있어 산모의 필수적인 산후 조리 음식이기도 합니다.

재료

마른 미역 20g
소고기(양지) 100g
참기름 1큰술
물 6½컵
청장 1작은술
소금 ½작은술

소고기 양념

청장(국간장) ½작은술
다진 마늘 ½작은술
후춧가루 ⅛작은술
참기름 1큰술

만드는 법

1. 마른미역은 물에 10분 정도 불려 부드러워지면 깨끗이 씻어 3cm 길이로 자르고, 소고기는 가로·세로 4cm로 납작하게 한입 크기로 썰어 양념해요.
2. 냄비에 참기름을 두르고 양념한 소고기를 중불에서 볶다가, 불린 미역을 넣고 충분히 볶아요. 이후 물을 붓고 센 불에 끓인 다음 중불로 낮추어 20분 정도 더 끓여요.
3. 청장과 소금을 넣고 간을 맞추고 한소끔 끓여요.

Tip 맛있는 요리 꿀팁

° 마른미역을 물에 불리면 8~10배 정도 불어나므로 양을 잘 조절해야 돼요.

° 양념은 청장 대신 참치액젓이나 까나리액젓으로 해도 좋아요.

° 미역을 참기름에 오랫동안 볶다가 물을 부어 끓이면 국물이 뽀얗고 감칠맛이 나요.

° 재래 미역(길이가 긴 미역)을 사용할 경우 넉넉한 물에 30분 정도 담가 불린 뒤 바락바락 주물러 거품이 나오지 않을 때까지 찬물에 헹궈요.

° **미역자반** 마른미역을 3cm로 잘라 젖은 면포로 표면을 닦아 짠맛을 빼고, 팬에 기름을 1컵 부어 중불로 예열하여 자른 미역을 넣고 빠르게 볶아 연둣빛이 돌면 체에 밭쳐 기름을 빼요. 따뜻한 미역에 설탕 1큰술, 통깨 1큰술을 뿌려 고루 섞어요.

북엇국 ②

속을 달래주고 개운하게
풀어주는 뜨끈한 국물

2 든든한 국물 요리   몸을 살리는 국물

찬 바람이 불면 어머니가 뜨끈하게 끓여주시던 북엇국이 생각나곤 합니다. 개운하고 시원한 국물이 목을 타고 내려가면 이상하게도 골치 아프던 일들이 시원하게 풀리는 기분이 들었죠. 아마도 북어에 함유된 메치오닌methionine 등의 필수 아미노산이 간을 보호하고 독을 풀어주어 마음의 독도 풀린다고 생각한 게 아닐까요.

재료

북어포 70g
다시마 국물 5컵
(다시마 가로·세로 5cm 3장,
따뜻한 물 7컵)
무 100g(1/10개)
대파 1/2대
홍고추 1/4개
달걀 1개

북어 양념

다진 파 1/2큰술
다진 마늘 1작은술
참기름 1/2큰술
흰후춧가루 1/8작은술
참기름 1작은술
청장(국간장) 1작은술
소금 1/2큰술

만드는 법

1 북어포는 머리와 꼬리, 지느러미를 자르고 물에 10초 정도 담갔다가 건진 다음 젖은 면포로 싸서 부드러워지면 뼈와 가시를 떼어내고 가늘게 찢어 양념장으로 고루 무쳐요.
2 달걀은 그릇에 풀어놓고, 다시마는 따뜻한 물에 20분 정도 담가 육수를 만들어요. 무는 가로·세로 3cm, 두께 0.3cm로 나박 썰고, 대파와 홍고추는 어슷썰어요.
3 냄비에 참기름을 두르고 양념한 북어포와 무를 넣고 중불에서 투명해질 정도로 볶다가 다시마 국물을 넣고 센 불에서 5분 정도 끓인 다음 불을 낮추어 20분 정도 더 끓인 뒤 청장과 소금으로 간해요.
4 끓는 북엇국에 달걀을 풀어 줄알을 치고 대파와 홍고추를 넣은 뒤 한소끔 끓여요.

Tip 맛있는 요리 꿀팁

° 북어포는 검은색보다 진한 노란색을 띠는 것이 보푸라기가 많고 맛이 구수해요.
° 북어포를 너무 오래 물에 담가놓으면 풀어져서 맛이 없고, 국물도 탁해져요.
° 북엇국에 달걀을 풀어 줄알을 칠 수도 있지만 북어포에 미리 버무려 끓이면 북어포가 부드러워져 먹기가 좋아요.
° 두부 50g과 콩나물 100g을 첨가해 끓이면 시원한 해장국으로도 즐길 수 있어요.

소고기 뭇국 ③

소고기뭇국 한 그릇에
밥 한 술 말아 먹으면 하루가 든든

찬 바람이 솔솔 불기 시작할 때면, 아침국으로 소고기뭇국만 한 게 없어요. 제철 무로 끓이면 달달하니 맛이 일품이지요. 기본 레시피만 알아두면 맛의 실패가 거의 없어요. 깔끔하고 시원한 국물에 밥 한 술 말아 먹으면 하루가 든든합니다.

재료

소고기(양지머리) 200g
참기름 ½작은술
무 200g(⅕개)
대파 ½대
다시마 5장(가로·세로 2.5cm)
물 6컵
소금 ½큰술
후춧가루 ⅛작은술

소고기 양념

청장 1작은술
다진 마늘 ½작은술
후춧가루 ⅛작은술

만드는 법

1. 소고기는 핏물을 제거한 뒤 가로·세로 4cm, 두께 0.3cm로 썰어 양념하고, 무는 가로·세로 3cm, 두께 0.3cm로 썰고, 다시마는 가로·세로 2.5cm로 썰고, 파는 어슷썰기해요.
2. 팬에 참기름을 두르고 소고기를 넣고 볶다가 물을 붓고 무를 넣은 뒤 끓으면 위에 뜨는 거품을 제거하고 불을 중약불로 낮추어 뭉근하게 20분 더 끓여요.
3. 어슷썰기한 파를 넣고 소금과 후춧가루로 간한 뒤 다시마를 넣고 한소끔 끓여요.

> **Tip** 맛있는 요리 꿀팁

° 무는 광택이 나고 몸매가 매끈하며 무청이 그대로 달려 있는 것이 좋아요. 또 무를 두들겨보았을 때 단단하면서 꽉 찬 소리가 나고 모양이 바른 것이 좋아요.

° 국물이 끓기 시작하면 불을 중약불로 줄여 뭉근하게 끓여야 고기도 연해지고 국물도 더욱 맛있어져요.

° 다시마를 건져내지 않고 함께 먹을 때는 다시마의 크기를 가로·세로 2.5cm 한입 크기로 넣어요.

° 거품은 찬물에 숟가락을 씻어가며 한차례 걷어내면 돼요.

° 소고기를 청장으로 양념했으므로 국의 마지막 간은 소금으로 해야 맛이 깔끔해요.

° **소고기버섯국** 소고기 200g을 썰어 양념장(청장 1작은술, 다진 파 ½작은술, 다진 마늘 ¼작은술, 후춧가루 ⅛작은술)과 함께 볶다가 물을 부어 끓으면 팽이버섯(혹은 만가닥버섯) 100g과 표고버섯 100g을 넣고 끓인 다음 소금으로 간하고 쑥갓 잎을 몇 장 띄워요.

아욱국 ④

구수한 된장과
향긋한 아욱의 환상적인 만남

"가을 아욱국은 사립문을 닫고 먹는다"라는 속담이 있을 정도로 가을 아욱은 맛도 좋고 영양가도 높아요. 다른 채소들에 비해 단백질이나 당질, 무기질 등이 높은 편이고, 특히 칼슘 함량이 시금치의 2배나 되어 성장기 어린이들에게 더없이 좋은 식품이에요. 쌀뜨물에 구수한 된장을 풀어 보리새우를 넣어 끓이면 그 맛이 일품이에요.

재료

아욱 300g
마른 새우 20g
쌀뜨물 6컵
된장 3큰술
고추장 1큰술
대파 ¼대
다진 마늘 2작은술
소금 ½작은술

만드는 법

1. 아욱은 껍질을 벗긴 뒤 파란 물이 나올 때까지 바락바락 여러 번 주물러 씻어 물기를 빼요.
2. 물기를 뺀 아욱을 4cm 정도의 길이로 썰고, 파는 어슷썰기 해요.
3. 냄비에 쌀뜨물을 붓고 된장과 고추장을 푼 다음 마른 새우를 넣고 센 불에서 끓인 뒤 아욱을 넣고 중불로 낮추어 20분 더 끓여요.
4. 파와 다진 마늘, 소금을 넣고 2분 정도 더 끓여요.

Tip 맛있는 요리 꿀팁

° 아욱 줄기의 껍질은 벗기고 바락바락 문질러 씻어야 점액질이 잘 빠져나와 억세지 않고 부드러워져요.

° 아욱은 잎이 시들지 않고 선명한 녹색을 띠며 연하면서 부드럽고, 줄기는 통통하고 꺾었을 때 쉽게 부러지는 것이 좋아요.

° 보리새우 대신 다슬기, 바지락, 소고기, 멸치 육수 등을 넣어 끓여도 맛있어요.

° **아욱죽** 아욱 100g은 줄기의 껍질을 벗기고 주물러 씻어 0.5cm로 잘게 썰어요. 냄비에 참기름을 두르고 불린 쌀 ½컵을 볶다가 된장 국물 5컵(물 5컵, 된장 1½큰술, 고추장 1작은술)과 다진 새우 100g을 넣고 끓여요. 쌀알이 퍼지면 아욱과 소금 1작은술을 넣고 조금 더 끓여요.

육개장
⑤

한 그릇에 온갖 영양을 담은
정성의 산물

소고기, 파, 숙주, 버섯 등의 채소를 넣고 얼큰하게 끓인 육개장. 한 그릇에 온갖 영양이 가득해서 무더운 여름철 보양식으로도 으뜸인 음식이에요. 진하고 얼큰한 국물에 건더기를 듬뿍 넣고 밥을 말아 먹으면 속도 든든 마음도 든든해지지요.

재료

소고기(양지머리) 400g
물 15컵
숙주 200g
불린 고사리 100g
느타리버섯 100g
대파 100g
소금 2작은술

향채

대파 100g
마늘 40g
양파 50g

양념장

고춧가루 2큰술
고추기름 2큰술
국간장 2큰술
다진 파 4큰술
다진 마늘 2큰술
참기름 1큰술
후춧가루 ⅛작은술

만드는 법

1. 소고기는 덩어리째 물에 30분 정도 담가 핏물을 빼고 냄비에 담아 찬물을 부어 센 불에서 20분쯤 끓이다가 향채를 넣고 불을 중약불로 줄인 뒤 30분 정도 삶으면서 거품을 걷어내요. 고기가 부드럽게 삶아지면 건져서 결대로 찢고, 육수는 식혀서 면포에 걸러 주세요.
2. 끓는 물에 소금을 넣은 뒤 숙주, 느타리버섯, 대파를 데쳐요. 느타리는 굵은 것은 길이로 찢고, 파와 고사리는 6cm 길이로 잘라요.
3. 양념장을 만들어 소고기에 버무린 다음 느타리, 숙주, 대파를 넣어 골고루 버무려요.
4. 냄비에 육수를 붓고 끓으면 양념한 고기와 채소를 넣어 센 불에서 10분 정도 끓이다 중불로 낮추어 40분 정도 뭉근하게 끓여요.
5. 재료들이 부드럽게 잘 어우러지면 소금으로 부족한 간을 맞추고 한소끔 끓여요.

Tip 맛있는 요리 꿀팁

° 고추기름은 식용유 6큰술을 뜨겁게 데워 고춧가루 2큰술과 다진 마늘 1큰술을 넣고 불을 끈 다음 2분 정도 저은 뒤 고운 체에 걸러 만들어요. 다른 방법으로는 분량대로 식용유, 고춧가루, 다진 마늘을 그릇에 담아 전자레인지에 40초씩 2회 돌려주면 된답니다. 쉽게 만들 수 있어요.
(p37 고추기름 만드는 방법 참조)

° **대파육개장** 소고기(양지) 400g에 물 10컵,. 무 200g을 넣고 센 불에 끓여주세요. 끓기 시작하면 편을 썬 마늘 3톨과 생강 1조각을 넣고 40분 정도 더 끓여요. 소고기와 데친 파를 국간장 3큰술, 고춧가루 2큰술, 고추기름 1큰술, 참기름 ½큰술, 다진 마늘 1큰술, 후춧가루 ¼작은술로 양념하고, 무는 나박 썰어 육수를 부어 끓이다 소금으로 간을 맞춰요.

어묵국 ⑥

입맛을 사로잡는 탱글탱글한
어묵과 몰캉한 무

어묵에 무와 멸치 육수로 맛을 더해 뭉근하게 끓인 국이에요. 어묵은 생선살과 전분의 비율에 따라 맛이 결정돼요. 대개는 생선살이 50% 이상이며, 고급 어묵은 생선살이 70% 이상이라 맛이 아주 좋아요. 좋은 어묵일수록 순백색의 광택이 나고 탄력이 좋으며 씹으면 씹을수록 맛이 나지요. 어묵은 쉽게 상하기 때문에 구입 시 유통 기한을 잘 살펴야 하고, 반드시 냉장 보관해주세요.

재료

어묵 300g
무 ¼개
대파 ½대
맛술 ½큰술
청장 1큰술
소금 ½작은술
후춧가루 ⅛작은술

멸치 육수 (6컵)

멸치 20마리
표고버섯 3장
다시마 2장 (가로·세로 7cm)
물 10컵

와사비 간장

간장 2큰술
와사비 1작은술
송송 썬 쪽파 1큰술
청주 1작은술

만드는 법

1. 달궈진 마른 팬에 손질한 멸치를 볶다가 표고버섯과 물 10컵을 붓고 끓으면 중불로 낮추어 15분 정도 더 끓이다 다시마를 넣고 불을 꺼요.
2. 어묵은 끓는 물에 살짝 데쳐 먹기 좋은 크기로 자르고, 무는 가로·세로 4cm, 두께 0.8cm로 두툼하게 썰어요.
3. 냄비에 멸치 육수 6컵과 무를 넣고 끓인 뒤 데친 어묵을 넣어 약불에서 20분 정도 더 끓여요.
4. 맛술과 청장, 소금으로 간을 맞추고 송송 썬 대파와 후춧가루를 넣고 불을 꺼요.

Tip 맛있는 요리 꿀팁

- 어묵은 반드시 끓는 물에 데치거나 끓는 물을 끼얹어 데쳐서 사용해야 국물이 깔끔해요.
- 달걀이나 유부주머니, 떡국 떡을 함께 넣어도 별미예요.
- 다양한 색과 모양의 어묵을 꼬치에 끼워 끓이면 먹는 재미가 있어요. 또 어묵 국물에 새우나 꽃게 등을 넣으면 간편한 손님 초대 요리로도 활용이 가능해요.

- **어묵잡채** 사각 어묵 200g은 채썰어 끓는 물에 데쳐 물기를 빼고, 숙주 100g은 머리와 꼬리를 다듬고, 당근 30g과 양파 30g은 채썰어요. 팬을 달구어 식용유를 두르고 다진 마늘과 당근, 양파를 넣고 볶다가 어묵, 숙주, 양념장(간장 1큰술, 맛술 1큰술, 설탕 2작은술, 굴소스 2작은술, 참기름 1큰술, 통깨 2작은술)을 넣고 센 불에서 볶아요.

배추 된장국 ⑦

**아삭하고 달콤한
겨울 배추와 구수한 된장의 만남**

멸치 육수에 된장을 풀고 배추를 넣어 끓인 국이에요. 배추는 '숭채'라고도 하는데, 추운 겨울에도 시들지 않고 푸르러 소나무처럼 절개가 드높다 하여 붙여진 이름이지요. 배추는 국으로 끓이거나 김치를 담가도 비타민 C가 다른 채소들보다 많이 남아 겨울철 비타민 C의 공급원으로 아주 좋은 채소입니다.

재료

배추속대 300g
된장 3큰술
고추장 1작은술
대파 ½대
다진 마늘 ½작은술
청·홍고추 각 1개
소금 ¼작은술

멸치 육수(6컵)

멸치 20마리
표고버섯 3장
다시마 2장(가로·세로 7cm)
물 10컵

만드는 법

1. 배추속대는 한 잎씩 떼어 깨끗이 씻은 뒤 길이로 2등분한 다음 어슷썰고, 청·홍고추와 대파도 어슷썰어요.
2. 달궈진 마른 팬에 손질한 멸치를 볶다가 표고버섯과 물 10컵을 붓고 센 불에 올려 끓으면 중불로 낮추어 15분 정도 더 끓이다가 다시마를 넣고 불을 꺼요.
3. 멸치 육수 6컵에 된장과 고추장을 체에 걸러 풀고 10분 정도 끓인 다음 배추를 넣고 투명하게 익으면 다진 마늘과 어슷썬 대파, 청·홍고추를 넣고 소금으로 간한 뒤 한소끔 끓이고 불을 꺼요.

Tip 맛있는 요리 꿀팁

- 된장과 고추장으로 끓인 국이므로 마지막 간은 소금으로 해야 맛이 깔끔해요.
- 육수용 멸치는 은빛이 도는 것이 좋고, 누런색 멸치는 지방이 산화된 것이므로 사용하지 않는 것이 좋아요.
- 거피 들깨가루를 넣어도 구수하고 맛있어요.

배추전 배춧잎 6장의 줄기 부분에 소금 ⅔작은술을 뿌려 10분 정도 절인 뒤 물기를 닦아요. 배춧잎에 덧가루를 묻힌 다음 부침가루 1컵에 물 1컵을 넣은 반죽을 입혀 달궈진 팬에 기름을 두르고 배추 위에 청·홍고추, 깻잎을 채썰어 올려 지져요. 깻잎은 배추전에 파란 색감도 더 해주어요. 또 배추의 고소함과 깻잎의 향이 어우러져 좋아요.

최고의 요리 비법

*육수 만들기

Q 국을 끓일 때 기본으로 넣으면 좋은 식재료들이 있나요?

A 시원하고 단맛을 내는 무와 양파, 그리고 잡내를 잡아주는 향채(파, 마늘, 생강, 후추)를 넣으면 좋아요. 또 표고버섯과 양파 껍질, 양배추, 황태 머리, 멸치 머리, 다시마 등을 말려두었다가 사용하면 감칠맛이 상승되지요.
육수용 채소들은 따로 구입해서 써도 좋지만, 식재료를 손질할 때 남는 자투리 채소들을 사용해도 좋아요.

Q 육수를 끓일 때 고기의 핏물을 반드시 빼야 할까요?

A 핏물을 제거하지 않고 조리하면 육수의 색이 탁해지고 누린내가 나서 맛이 깔끔하지 않아요. 덩어리 고기는 찬물에 30분 정도 담가 핏물을 빼고(물이 따뜻하면 고기가 부패하기 쉬우므로 반드시 찬물을 써야 돼요). 다졌거나 잘게 썬 소고기는 키친타월에 싸서 20분 정도 타월을 바꿔가며 핏물을 빼요.

Q 육수에서 깊은 감칠맛이 나게 하려면 어떻게 해야 할까요?

A 냄비에 물과 재료를 넣고 처음에는 센 불로 끓이다가 국물이 끓으면 중약불로 은근하게 끓여야 재료의 맛이 잘 우러나요. 육수를 끓여 식힌 뒤 면보에 거르면 기름기가 제거되면서 맑은 육수가 되지요.

Q 국물을 낼 때 다시마를 마지막에 넣는 이유는 무엇인가요?

A 다시마는 오래 끓이면 미끌미끌하고 끈끈한 점액질 성분인 알긴산이 나와 국물이 탁해지기 때문이에요. 70℃ 정도 되는 따뜻한 물에 20분쯤 담가두어도 맛난 성분이 우러나지요. 다시마는 냉동 보관하면 오래 두고 먹을 수 있고, 사용할 때는 젖은 면포로 하얀 가루를 닦아내고 사용해요.

Q 육수는 어떻게 보관해야 할까요?

A 대량으로 끓여 소분한 뒤 냉장고에 3일 정도 보관할 수 있어요. 장기 보관할 때는 육수의 양이 1/5 정도 될 때까지 졸인 뒤 소분하여 냉동 보관하면 약 한 달 정도 사용 가능해요. 새내기 주부나 바쁜 일과로 자주 밥을 거르는 직장인들은 육수에 간단한 식재료를 넣어 끓이기만 해도 맛과 영양을 갖춘 일품요리를 쉽게 만들 수 있지요.

최고의 요리 비법

*육수 만들기

Q 국에 간을 할 때 간장과 소금을 같이 사용하는 이유는 무엇인가요?

A 간장만으로 간을 맞추면 색이 너무 진해져서 보기 좋지 않고 맛도 떨어뜨리지요. 간장으로는 색을 내고, 부족한 간은 소금으로 맞춰야 색도 예쁘고 맛도 깔끔해요.

Q 얼큰한 맛을 좋아하는 사람은 맑은국에 고춧가루를 넣고 먹는 경우가 있는데, 국을 끓일 때 미리 얼큰한 맛을 더하는 방법이 있을까요?

A 청양고추나 마른 고추를 썰어 씨를 털어낸 뒤 국이 거의 끓었을 때 넣으면 얼큰하고 매콤하면서도 칼칼한 맛을 낼 수 있어요. 맑은 국에 매운 고춧가루를 넣고 끓여도 얼큰한 맛을 낼 수 있어요.

Q 국물의 간은 어떻게 맞춰야 할까요?

A 국의 간은 뜨거울수록 싱겁고 차가울수록 짜게 느껴지므로, 뜨거울 때 약간 싱겁다는 느낌이 들 정도로만 간을 하면 적당해요.
레시피를 정확히 실행한 뒤 싱겁거나 짜게 느껴지면 물의 양을 ½컵 정도로 가감하여 맞추면 되고, 식재료의 계량이 잘못되어 맛이 싱거워진 거라면 양념장이나 재료를 추가하여 끓이고 먹을 양만큼을 제외한 나머지 분량은 소분하여 냉동이나 냉장 보관 후 먹으면 돼요.

3

입맛을 돋우는 찌개

나의 뜻이 가지런해야 나의 음식이 건강하다

나의 뜻이 가지런해야 나의 음식이 건강하다

저는 어린 시절 콩이 주재료가 되는 찌개를 특히 좋아했어요. 제가 나고 자란 개성은 땅이 비옥하여 모든 작물이 쑥쑥 잘 자라고 맛도 좋았는데, 그중 콩과 같은 잡곡의 맛이 아주 기가 막혔습니다. 가을에 콩이 여물면 어머니는 콩대를 잘라 마당에 깔아놓은 거적때기에 가득 펼쳐두고 하루에 몇 번씩 이리저리 뒤집어가며 말리셨어요. 어머니가 바쁘실 때는 콩 뒤집는 일을 대신하기도 했지요. 쨍쨍한 햇볕에 콩꼬투리가 마르면 어머니는 도리깨로 콩대를 마구 내리치셨어요. 그러면 꼬투리 안의 콩들이 하늘로 솟아올랐다 바닥으로 떨어졌는데, 그 모습이 소담스럽고 신기해서 저는 어머니를 돕다가 말고 콩들을 한참 바라보곤 했습니다. 콩은 자루에 담겨 겨우내 저희 집 밥상의 든든한 음식 재료가 되었지요.

추운 겨울 어머니는 콩비지찌개를 자주 만들어주셨어요. 비지는 두부를 만들기 위해 즙을 거른 뒤 남은 찌꺼기를 말해요. 김치와 돼지고기를 넣고 끓인 콩비지찌개는 맛이 아주 고소하면서도 영양이 충분한 음식이지요.

어머니가 끓여주신 청국장찌개의 맛도 잊을 수 없습니다. 그 시절엔 누구나 그랬듯이 어머니도 집에서 직접 청국장을 만드셨어요. 안방 아랫목에서 청국장을 띄우기 시작하면 한동안 집 안에 쾌쾌한 냄새가 가득했지요. 식구들은 모두 코를 움켜쥐며 투덜댔지만, 정작 찌개가 되어 밥상에 오르면 맛을 보자마자 감탄사를 내뱉곤 했습니다.

순두부찌개에 얽힌 기억도 떠오릅니다. 동틀 무렵

어머니의 손을 잡고 큰길가에 나가면 두부 장수 아저씨가 있었어요. 두툼하고 투박한 손으로 커다란 들통의 뚜껑을 열면 뽀얀 수증기가 안개처럼 피어올랐는데, 그 열기가 너무 뜨거워 저는 깜짝 놀라곤 했지요. 요즘 마트에서 파는 매끈한 형태의 순두부와 달리, 들통 안에는 누런 콩물 속에 간수로 뭉쳐진 작은 두부 덩어리들이 가득했습니다. 아저씨는 커다란 바가지로 몽글몽글하고 새하얀 순두부를 두어 번 떠서 어머니의 양푼을 양껏 채워주셨지요. 그렇게 금방 사 온 순두부로 찌개를 끓여 먹으면 너무 맛있어서 세상 부러울 것이 없었어요. 우유보다 고소하고 물처럼 부드러운 순두부가 미처 씹을 새도 없이 혀끝에서 스르륵 녹아 꿀꺽 삼켜지던 감각이 아직도 또렷합니다.

특별한 손맛을 지니고 계셨던 어머니 덕에 저는 일찌감치 음식 만드는 게 좋았고, 그러다 보니 저절로 음식에 관한 모든 것이 궁금했었답니다. 온갖 식재료의 형태부터 영양, 색깔, 질감에 이르기까지 어느 것 하나 마음이 닿지 않는 구석이 없었어요. 그렇게 하나씩 보고 느끼고 알아가면서 음식 만드는 일은 어느새 평생의 기쁨이 되었고, 한식을 지키고 전하는 것이 일생의 사명이 되었습니다.

음식을 만드는 일이든, 음식을 먹는 일이든, 음식을 파는 일이든, 음식에 대해 연구하고 가르치는 일이든, 음식과 함께하는 모든 일을 일컬어 저는 '음식과 만나는 일'이라고 말하곤 해요. 사람과 사람의 만남이 그 인연의 깊이와 상관없이 결코 수월한 일이 될 수 없듯이, 음식과의 만남 또한 손쉽게 허락되지는 않습니다.

특별한 손님을 맞이할 때처럼 음식을 귀히 대하는 마음, 때로는 그 만남을 위해 몇 날 며칠도 기다릴 줄 아는 마음, 그 마음이 음식과 만나는 길을 알려준다고 저는 믿고 있어요. 나의 뜻이 가지런해야 나의 음식이 건강해집니다. 먹는 이를 배려하는 마음이 앞서야 참된 밥상이 되고요. 저는 어머니로부터 그러한 마음을 배웠고, 그 마음이 항상심이 되도록 매일 저의 모든 순간을 점검합니다. 어떤 사람이 먹는 음식은 곧 그 사람이 되기 때문이지요.

> 음식을 먹는다는 건 오감이 모두 깨어나는 과정이기도 합니다. 어린 시절 어머니가 해주신 음식을 먹으며 몸소 체험했던 것 같아요.

김치찌개 ①

잘 익은 묵은지와
푸짐한 돼지고기가 만들어낸
구수하고 칼칼한 맛

잘 익은 새콤한 김치에 돼지고기를 넣고 푹 끓인 김치찌개만 있으면 밥 한 공기는 뚝딱입니다. 기름진 돼지고기를 숭덩숭덩 썰어 넣고 끓이기도 하지만, 돼지고기를 얇게 썰어 김치에 돌돌 말아 끓이면 손님 초대상에 올려도 손색이 없는 일품요리가 되지요. 기호에 따라 고춧가루나 김치 국물을 넣기도 하고, 돼지고기 대신 고등어나 참치를 넣어 끓이기도 해요.

재료

배추김치 250g
돼지고기(목살) 150g
양파 ½개
두부 ⅓모
대파 ½대
청·홍고추 각 ½개
참기름 ½큰술
고춧가루 1작은술
소금 ½작은술
후춧가루 ⅛작은술

고기 양념

청주 1큰술
다진 마늘 1큰술
생강즙 1큰술

찌개 국물 (4컵)

무 100g
양파 ⅔개
다시마 3장 (가로·세로 5cm)
물 8컵

만드는 법

1. 냄비에 물을 붓고 무와 양파를 넣어 센 불에 8분 정도 끓이다가 중불로 낮추어 20분 정도 더 끓인 뒤 다시마를 넣고 불을 끈 다음 10분 정도 두었다가 체에 걸러요.
2. 배추김치는 속을 털어내 송송 채썰고, 돼지고기는 3cm 크기로 납작하게 썰어 양념해요. 양파는 굵게 채썰고, 두부는 가로·세로 2.5cm로 도톰하게 썰고, 대파와 청·홍고추는 어슷썰어요.
3. 냄비에 참기름을 두르고 양념한 돼지고기를 넣고 볶다가 김치를 넣어 2분 정도 더 볶아요.
4. 볶은 김치에 찌개 국물과 고춧가루, 양파를 넣고 끓인 뒤 중불로 낮추어 20분 더 끓여요.
5. 맛이 어우러지면 두부와 대파, 청·홍고추를 넣고, 소금과 후춧가루로 간을 맞춘 뒤 한소끔 끓여요.

Tip 맛있는 요리 꿀팁

° 김치가 너무 익어 신맛이 강하다면 설탕을 조금 넣으면 되고, 반대로 덜 익은 김치는 식초를 조금 넣으면 돼요.

° 돼지고기 대신 참치통조림을 이용해 김치찌개를 끓일 때는 기름을 이용하여 김치를 충분히 볶은 뒤 육수를 넣고 두부와 참치를 넣어 끓이면 돼요.

° **꽁치김치찌개** 배추김치 300g에 꽁치통조림(400g), 꽁치캔 국물 ¼컵, 다시마 국물(물) 1½컵, 양파 ¼개를 넣고 끓인 다음, 고춧가루 1작은술, 소금 ½작은술, 후춧가루 ¼작은술을 넣어 양념하고 어슷썬 대파 ½대와 청·홍고추를 각 ½개씩 넣고 한소끔 끓여요.

된장찌개 ②

가정식 메뉴의
대표 음식으로 우리 식탁에
가장 많이 오르는 찌개

한국 사람이라면 언제 먹어도 질리지 않는 찌개가 바로 된장찌개예요. 해외에 나가면 제일 먼저 떠오르는 음식이기도 하고요. 된장은 콩을 발효하여 만든 식품으로 발효 과정을 거치면서 간 기능과 항산화에 좋은 성분이 더욱 풍부해지고, 특히 영양소의 소화 흡수가 용이해져요. 된장은 시래기, 바지락 등 어떤 재료와도 잘 어울리며 맛의 조화를 이뤄요.

재료

소고기(등심) 100g
표고버섯 3개
애호박 ¼개
두부 ⅓모
된장 4큰술
고춧가루 1작은술
참기름 1작은술
양파 ¼개
다진 마늘 ½작은술
쌀뜨물 3½컵
청장 ½큰술
청·홍고추 각 1개
대파 ½대

만드는 법

1. 소고기는 핏물을 닦아 가로·세로 3cm로 납작하게 썰고, 표고버섯은 기둥을 제거한 뒤 저며요. 애호박과 두부는 가로 2cm, 세로 3cm, 두께 0.3cm로 썰고, 양파는 가로·세로 1cm로 깍둑썰기해요.
2. 쌀을 씻어 쌀뜨물을 만들어요.
3. 팬에 참기름을 두르고 다진 마늘과 양파를 넣고 볶다가 소고기와 표고버섯을 넣고 볶은 뒤 쌀뜨물을 부어요.
4. 된장을 풀어 넣고 끓인 뒤 중불에서 10분 정도 더 끓이면서 위로 떠오르는 거품을 걷어낸 다음 된장 국물의 맛이 충분히 우러나면 호박, 두부, 고춧가루, 청장을 넣고 2분 정도 끓이다가 청·홍고추와 대파를 넣어 한소끔 끓여요.

Tip 맛있는 요리 꿀팁

- 쌀뜨물은 물로 쌀을 가볍게 2회 씻은 뒤 바락바락 문질러 필요한 물의 양을 부어 만들어요.
- 쌀뜨물 대신 다시마 국물이나 표고 불린 물을 부어 끓여도 좋아요.
- 소고기 등심 대신 차돌박이나 바지락을 넣어도 맛있어요.
- 두부는 오래 끓이면 단단해져요. 부드러우면서도 부서지지 않도록 하려면 잠깐 끓여야 해요.
- 찌개를 끓여서 바로 먹지 않을 경우, 간을 조금 싱겁게 해주세요.

- **차돌박이된장찌개** 물 2컵에 깍둑썰기한 양파 ½개와 표고버섯 3개를 넣고 불에 올려 끓으면 맛된장 5큰술을 풀어 넣고 더 끓인 다음 깍둑썰기한 두부 ½모와 차돌박이(우삼겹) 150g을 넣고 끓이다가 송송 썬 청양고추, 홍고추, 대파, 다진 마늘을 넣고 한소끔 끓여요.

강된장 찌개 ③

뜨끈한 밥에
쓱쓱 비벼 먹어도 맛있고
쌈 채소와 함께 먹어도
맛있는 찌개

멸치 육수에 된장과 고추장을 풀어 넣고, 소고기와 채소를 넣어 되직하게 끓인 찌개예요. 강된장은 들어가는 재료에 따라 우렁강된장, 두부강된장, 열무강된장 등으로 불리기도 하며, 구수하면서도 진한 된장의 맛이 다양한 재료와 어우러져 감칠맛이 배가 되므로 다른 반찬이 없이도 밥 한 그릇을 뚝딱 해치울 수 있지요.

재료

소고기(우둔) 100g
건표고버섯 3개
청·홍고추 각 1개
된장 5큰술
고추장 2큰술

소고기·표고버섯 양념

청장 ½작은술
설탕 ½작은술
다진 파 2작은술
다진 마늘 1작은술
후춧가루 ¼작은술
참기름 1작은술

멸치 육수(2컵)

멸치 10마리
다시마 2장(가로·세로 7cm)
건표고버섯 1개
물 4컵

만드는 법

1. 소고기는 핏물을 닦아 3cm 길이로 채썰고, 건표고버섯은 1시간 동안 물에 불려 기둥을 뗀 뒤 포를 떠서 채썰어 각각 양념장의 ½씩 넣고 양념해요.
2. 멸치는 머리와 내장을 떼고, 기름 없는 팬에 볶아 물을 붓고 무와 표고버섯을 넣고 끓어오르면 중불로 낮추어 15분 정도 더 끓인 다음 불을 끄고 다시마를 넣어 10분 동안 그대로 둔 뒤 면포에 걸러요.
3. 냄비에 소고기와 표고버섯을 넣고 중불에서 볶다가 된장과 고추장을 넣고 2분 더 볶아요.
4. 멸치 육수를 붓고 끓으면 가끔 저어주고, 국물이 되직해지면 송송 썬 청·홍고추를 넣고 한소끔 끓여요.

> **Tip** 맛있는 요리 꿀팁

- 호박, 감자, 양파, 버섯류 등 자투리 채소나 두부를 깍둑썰기하여 같이 끓이면 염도도 낮추고 영양도 보강할 수 있어요.
- 우렁이 살을 넣어 충청남도의 향토 음식인 우렁된장을 만들어도 맛있어요.
- 건표고버섯 불린 물을 육수나 밥물로 사용하면 향긋한 표고의 향과 감칠맛이 더해져요.
- 다시마를 넣고 끓여서 건질 경우, 다시마의 크기를 가로·세로 7cm로 자르는 것이 좋아요.
- 강된장과 잘 어울리는 쌈 채소로는 머위, 양배추, 호박잎이 있어요. 머위 줄기는 그냥 먹으면 뻣뻣하니 소금물에 데친 후 껍질을 벗겨 주세요.

순두부 찌개
④

새빨간 국물 속에
몽글몽글한 순두부가 풍덩

입맛을 돋우는 찌개   나의 뜻이 가지런해야 나의 음식이 건강하다

우리나라는 일찌감치 두부 제조 기술과 두부를 이용한 조리법이 발달하여 아주 옛날부터 두부를 즐겨 먹었어요. 그중 순두부는 두부를 만들기 전 콩의 단백질이 몽글몽글하게 응고되었을 때 압착하지 않고 그대로 먹는 것으로, 부드러운 식감과 특유의 고소한 맛을 가지고 있으며, 소화도 아주 잘 되지요.

재료

순두부 600g
물 1½컵
조갯살 200g
(물 3컵, 소금 ½작은술)
대파 ⅓대
청고추 1개
홍고추 ½개

양념장

청장 1큰술
소금 ½작은술
고춧가루 1½큰술
다진 파 2큰술
다진 마늘 1큰술
참기름 1½큰술

만드는 법

1. 순두부는 5cm 정도로 자르고, 조갯살은 소금물에 살살 씻어 체에 밭쳐 물기를 빼요. 양념장을 만들고, 대파와 청·홍고추는 깨끗이 씻어 어슷하게 썰어요.
2. 조갯살에 양념장의 ½을 넣고 양념해요.
3. 냄비에 순두부와 물을 붓고 센 불에 올린 뒤 끓으면 중불로 낮추어 5분 정도 더 끓여요.
4. 양념한 조갯살과 남은 양념장 ½을 넣고 2분 정도 끓인 뒤, 청·홍고추와 파를 넣고 한소끔 더 끓여요.

Tip 맛있는 요리 꿀팁

° 조갯살 대신 굴, 돼지고기, 소고기 등을 넣어 끓여도 별미예요.
° 연두부도 순두부와 같은 조리법으로 마지막에 넣어 살짝 끓여 먹어도 좋아요.
° 참기름 대신 고추기름을 만들어 넣고 끓이면 매콤한 순두부찌개가 돼요.
° 매운 음식을 못 먹는 아이들을 위해 고춧가루를 빼고 청장이나 새우젓국으로만 간하면 맑고 담백한 순두부찌개를 만들 수 있어요.

청국장 찌개 ⑤

고향 냄새를
한껏 풍기는
구수한 청국장

3 입맛을 돋우는 찌개   나의 뜻이 가지런해야 나의 음식이 건강하다

뚝배기에 바글바글 자작하게 끓인 청국장을 밥에 올려 슥슥 비벼 먹으면 다른 반찬이 필요 없어요. 예전에는 냄새가 심해서 싫어하는 분들이 많았지만, 요즘은 냄새도 강하지 않으면서 구수함을 잃지 않은 청국장을 쉽게 구할 수 있어요. 오늘 저녁 두부와 김치 등을 넣고 끓인 청국장을 식탁 위에 올리고 가족들과 두런두런 이야기를 나눠보면 어떨까요?

재료

청국장 250g
소고기(우둔) 100g
쌀뜨물 4컵
배추김치 100g
두부 ⅓모
청·홍고추 각 1개
대파 ¼대
고춧가루 1작은술
소금 ½작은술

양념장

청장 1작은술
다진 파 1작은술
다진 마늘 ½작은술
깨소금 ½작은술
후춧가루 ⅛작은술
참기름 ½작은술

만드는 법

1. 소고기는 핏물을 닦고 가로·세로 2.5cm, 두께 0.3cm 정도로 납작하게 썰어 양념장을 넣고 양념해요.
2. 배추김치는 속을 털고 가로·세로 2cm로 썰어요. 두부는 가로 2cm, 세로 3cm, 두께 0.5cm 정도로 네모나게 썰고, 청·홍고추는 어슷하게 썰어요.
3. 냄비에 소고기를 넣고 중불에서 볶다가 쌀뜨물을 붓고 센 불에 올린 뒤 끓으면 배추김치를 넣고 중불로 낮추어 20분 더 끓여요.
4. 청국장과 두부, 청·홍고추, 대파, 고춧가루를 넣고 소금으로 간한 뒤 한소끔 끓여요.

> **Tip 맛있는 요리 꿀팁**
>
> ° 청국장을 오래 두고 먹으려면 비닐 랩으로 잘 싸서 냉동 보관해요.
>
> ° 소고기 대신 돼지고기, 멸치, 해산물을 넣어도 되며, 고기 대신 멸치나 해산물을 넣으면 맛이 좀 더 시원해요.
>
> ° 청국장은 오래 끓이면 맛과 영양이 떨어지므로 마지막에 넣고 2분 이내로 끓여 마무리하는 게 좋아요.
>
> ° **생청국장비빔밥** 생청국장 100g에 양념장(고춧가루 ½작은술, 다진 파 ½작은술, 다진 마늘 ⅓작은술, 깨소금 ½작은술)과 매실장아찌를 넣고 비벼 먹어요.

명란젓두부찌개 ⑥

명란젓과 두부, 소고기, 무 등을 넣고
새우젓국으로 간하여 끓인 맑은 찌개

3 입맛을 돋우는 찌개   나의 뜻이 가지런해야 나의 음식이 건강하다

명란은 명태의 알로 조리하여 먹거나 소금에 절여 젓갈을 만들어 먹지요. 특히 명란젓에는 노화를 방지하고 피부를 싱싱하게 해주는 비타민 E가 함유되어 있는데, 유분을 함유한 마요네즈와 함께 섭취하면 비타민 E의 흡수를 더욱 높일 수 있어요. 찌개가 아니라도 토막을 내어 참기름과 다진 파를 넣고 무쳐 먹어도 맛있고, 석쇠에 구워 먹어도 맛있어요.

재료

명란젓 120g
두부 ½모
소고기(우둔) 100g
무 100g
물 3½컵
실파 20g
새우젓국 1큰술
참기름 ½작은술

양념장

청장 1작은술
다진 파 ½작은술
다진 마늘 ¼작은술
참기름 ½작은술
후춧가루 ⅛작은술

만드는 법

1. 명란젓은 표면의 양념을 살짝 닦아낸 뒤 2cm 길이로 자르고, 두부는 가로 3cm, 세로 2cm, 두께 0.5cm로 네모나게 썰어요. 소고기는 핏물을 닦은 뒤 가로·세로 3cm, 두께 0.3cm 로 썰어 양념해요.
2. 무는 손질해 씻은 뒤 가로·세로 2.5cm, 두께 0.3cm로 나박썰기하고, 실파는 3cm 길이로 잘라요.
3. 냄비를 달구어 소고기와 무를 넣고 중불에서 볶다가 냄비에 물을 붓고 센 불에 올린 뒤 끓으면 중불로 낮추어 10분 정도 더 끓여요.
4. 명란젓과 두부를 넣고 2분 더 끓이다가 실파를 넣고 새우젓국으로 간한 뒤 한소끔 끓여 참기름을 넣어요.

> **Tip** 맛있는 요리 꿀팁
>
> ° 명란젓을 구입할 때는 붉은빛이 돌면서 살이 단단한 것을 골라요.
> ° 고춧가루 양념이 많이 묻어 있는 명란젓을 그대로 쓰면 국물이 지저분해지므로 (물로 씻지는 말고) 양념을 살짝 닦아내고 사용해요. 청주를 뿌려 잡내를 제거하거나 소금물에 살살 씻어 건져 물기를 빼고 사용하기도 해요.

° **명란달걀말이** 그릇에 달걀 4개를 풀고 녹말 물(녹말가루 1작은술, 물 1큰술), 맛술 1큰술, 송송 썬 실파를 넣어 잘 섞고, 명란젓은 양념을 닦아요. 팬에 식용유를 두르고 달걀 물의 ½을 팬에 넓게 펴 붓고 끈끈한 농도로 익으면 명란젓을 올려 돌돌 말아 한쪽으로 밀어놓은 다음 나머지 달걀 물을 팬에 넓게 펴 익혀 함께 말아요.

애호박젓국
찌개
⑦

애호박에 마른 새우를 넣고
새우젓으로 간하여 끓인 찌개

3　입맛을 돋우는 찌개　　　나의 뜻이 가지런해야 나의 음식이 건강하다

애호박은 여름철 뜨거운 볕 아래에서도 말라 죽지 않는 강인한 생명력을 지니고 있는 대표적인 여름 채소입니다. 과육이 유연하고 단맛이 있어 찌개, 볶음, 부침개 등 여러 요리의 재료로 이용된답니다.

재료

애호박 1개
마른 새우 10g
홍고추 ½개
실파 20g
물 4컵
다진 마늘 1작은술
새우젓국 2큰술

만드는 법

1. 애호박은 씻어서 4등분하여 0.5cm 두께의 은행잎 모양으로 썰고, 애호박이 작을 경우 반달썰기를 해요. 마른 새우는 체에 넣고 흔들어 가루를 털어내요.
2. 홍고추는 씻어서 길이 2cm, 두께 0.2cm로 어슷썰고, 실파는 손질하여 씻은 뒤 3cm 길이로 잘라요.
3. 냄비에 물을 붓고 센 불에 올려 끓으면 마른 새우를 넣고 중불로 낮추어 15분 끓이다가 국물이 우러나면 애호박과 다진 마늘을 넣고 센 불에 잠시 더 끓여요.
4. 홍고추와 실파를 넣고 새우젓국으로 간한 뒤 한소끔 끓여요.

Tip 맛있는 요리 꿀팁

° 애호박은 오래 끓이면 색이 변하므로 잠깐만 끓여야 해요.
° 새우젓을 넣고 조리하면 애호박이 쉽게 물러지지 않아요. 또 애호박에는 탄수화물과 비타민 A가 많아 새우처럼 단백질이 많은 재료와 먹으면 궁합이 좋아요.
° 칼칼한 맛을 내려면 꽈리고추나 청양고추를 넣어요.

호박고추장찌개 냄비에 미리 멸치 육수 4컵을 준비하고 고추장 1큰술, 고춧가루 ½큰술, 된장 1작은술과 감자 1개를 넣고 불에 올려 끓으면 호박(애호박) 1개를 잘라 넣고 한소끔 더 끓인 다음 청장 ½작은술로 간을 맞추고 청경채와 청고추를 넣어요.

콩비지 찌개
⑧

추운 날에 더욱 맛있는
뜨끈한 콩비지찌개

3 입맛을 돋우는 찌개   나의 뜻이 가지런해야 나의 음식이 건강하다

콩비지찌개는 콩을 통째로 갈아 그대로 사용하거나 두부를 만들고 남은 건지로 만들어요. 콩이나 두부에 비해 영양분이 다소 떨어지긴 하지만, 칼로리가 콩의 ¼에 불과할 만큼 낮고 섬유질과 단백질이 풍부하여 다이어트에 효과적이고 변비 예방에도 좋지요.

재료

흰콩 ⅔컵
콩 가는 물 3컵
육수 3컵
돼지고기(앞다리살) 100g
배추김치 200g
새우젓 1큰술

돼지고기 밑간

청장 ½큰술
다진 마늘 1작은술
다진 생강 ½작은술
후춧가루 ¼작은술

양념장

간장 2큰술
설탕 1작은술
고춧가루 1작은술
다진 파 2작은술
다진 마늘 1작은술
깨소금 1작은술
참기름 1작은술
물 1큰술

만드는 법

1. 흰콩은 깨끗이 씻어 물에 6시간 불린 뒤 물기를 뺀 다음 믹서에 넣고 물을 부어 곱게 갈아요.
2. 돼지고기는 핏물을 닦고 가로 1cm, 세로 3cm로 납작하게 썰어 밑간을 하고, 배추김치는 속을 털어낸 뒤 송송 썰고, 양념장을 만들어요.
3. 냄비에 돼지고기와 배추김치를 넣고 볶다가 육수를 부어 센 불에서 끓여요. 갈아둔 콩 국물을 붓고 10분 정도 더 끓여요.
4. 새우젓을 넣고 한소끔 끓인 뒤 양념장과 함께 내요.

Tip 맛있는 요리 꿀팁

° 여름에 콩을 불릴 때는 콩이 쉴 수 있으므로 냉장고 안에 넣고 불리는 게 좋아요.
° 새우젓의 비린내가 싫으면 새우젓을 처음부터 넣어 끓이거나 새우젓 대신 소금을 넣어도 좋아요.
° 찌개가 묽어질 수 있으니 자주 젓지 않도록 해요.
° 비지에 김치와 김치 국물, 돼지고기를 넣고 볶아두면 밑반찬으로도 좋고, 여기에 물이나 육수를 넣으면 김치비지찌개가 되지요.

° **콩전** 비지에 김치와 고기 등을 넣고 팬에 지지면 고소한 맛의 콩전을 맛볼 수 있어요.

최고의 요리 비법

*찌개 끓이기

Q 재료에 따라 찌개에 넣는 순서가 있다는데, 그 이유는 무엇인가요?

A 찌개에 넣는 재료는 각 식품의 성분과 조직, 크기에 따라 익는 속도가 달라요. 따라서 더디 익는 것은 먼저 넣어 끓이고, 익기 쉬운 것은 나중에 넣어 끓이는 것이 좋아요.

Q 찌개를 끓일 때 냄비의 크기도 중요한가요?

A 재료의 양에 비해 냄비가 너무 크면 국물의 증발이 심하여 간이 너무 짜지고, 냄비가 너무 작으면 끓어 넘치기 쉽고 재료가 골고루 익지 않아요. 냄비의 크기가 적당해야 돼요.

Q 집 된장과 시판 된장으로 찌개를 끓일 때 주의할 점은 무엇인가요?

A 집된장은 발효가 잘되어 끓일수록 감칠맛과 단맛이 우러나는 반면, 시판 된장의 경우 오래 끓이게 되면 신맛과 떫은맛이 우러나와 찌개의 맛이 떨어져요. 따라서 시판 된장으로 찌개를 끓일 때는 국물에 먼저 채소를 넣고 익힌 다음, 나중에 된장을 풀고 설탕을 조금 넣어주면 특유의 떫은맛을 감소시킬 수 있어요.

Q 생선찌개를 끓일 때는 국물이 끓은 뒤 생선을 넣는데, 그 이유는 무엇인가요?

A 국물이 끓을 때 생선을 넣어야 생선살이 부서지지 않고 생선 표면의 단백질이 단단해져 모양도 그대로 유지되고 비린내도 나지 않아요.

나의 뜻이 가지런해야 나의 음식이 건강하다

최고의 요리 비법

*찌개 끓이기

Q 찌개를 끓일 때 떠오르는 거품은 걷어내야 하나요?

A 거품은 재료의 단백질 성분이 뜨거운 물에서 응고되거나 녹말 성분이 나오면서 생겨요. 소고기나 사골, 닭고기 등으로 육수를 낼 때 생기는 거품은 고기의 핏물과 기름기가 섞여 있어 걷어내지 않으면 국물이 탁해지지만, 찌개를 끓일 때 생기는 거품은 양념이 끓어오르면서 나오는 것이라 굳이 걷어내지 않아도 돼요.
특히 된장찌개에서 나오는 거품은 영양소를 포함하고 있어 그대로 섭취해도 된답니다. 담백하고 맑은 국물을 원한다면 거품을 한번 정도 걷어내도 좋지만, 거품이 인체에 유해하지는 않아요.

Q 찌개를 끓일 때 쌀뜨물을 사용하면 어떤 점이 좋나요?

A 쌀뜨물에는 쌀의 전분질이 들어 있는데, 이 전분은 찌개를 끓일 때 국물을 진하고 걸쭉하게 만들면서 잡내는 잡아주고, 찌개에 들어간 각종 식재료들의 맛을 한데 어우러지게 해주어 감칠맛을 상승시켜요.

Q 고추장찌개나 된장찌개를 텁텁하지 않게 끓이려면 어떻게 해야 할까요?

A 간장, 된장, 고추장을 넣은 찌개는 마지막에 소금으로 간을 하는 것이 좋아요. 간장으로 간을 맞추면 맛이 깔끔하지 않아요.

Q 두부는 왜 마지막에 넣고 한소끔 끓여야 하나요?

A 두부는 단백질로 이루어져 있어 염분이 닿으면 단단해져요. 따라서 부드러운 두부를 맛보고 싶다면 찌개가 거의 완성된 마지막 단계에 넣어 잠시만 끓이는 것이 좋아요.

4

밥상의 격을
높이는
탕, 찜, 전골

폭 익히고 진득이 끓인 깊은 맛

폭 익히고
진득이 끓인
깊은 맛

국이나 찌개와는 또 다른 국물 요리로 탕과 전골이 있습니다. 탕은 대개 약을 달이듯 오랫동안 끓여내는 음식으로 국물 요리의 최고 단계라 할 수 있고, 전골은 다양한 재료에 육수를 부어 즉석에서 끓여 먹는 음식으로 궁중 요리 중 하나였어요. 조리법은 다르지만 둘 다 어느 정도 시간을 필요로 한다는 점에서 일상적으로 해 먹게 되는 음식은 아니지요. 국물 요리는 아니지만 탕이나 전골과 마찬가지로 시간을 들여야 하는 음식으로 찜도 있습니다. 찜은 주재료에 양념을 하여 물을 붓고 푹 익도록 끓이거나 쪄내는 음식이에요.

탕, 전골, 찜은 대개 특식을 마련해야 할 때 만들곤 합니다. 실제로 매일 먹는 부식들에 비해 좀 더 특별한 재료로 푸짐하게 조리하는 음식들이라 옛날에는 주로 명절 때나 어르신들의 생신날, 그리고 잔칫상에 올리곤 했어요. 요즘 사람들도 손님 초대상을 준비하거나 평소보다 격을 갖춘 밥상을 내놓고 싶을 때 만들지요. 기본적인 반찬들에 탕, 전골, 찜 요리 중 하나만 더 올려도 어딘지 모르게 마음먹고 제대로 차린 밥상으로 보이니까요. 그만큼 정성이 많이 들어가기 때문일 거예요.

탕이라 하면 일단 보양식이 떠오르곤 합니다. 재료 속의 좋은 성분이 최대한 우러나오도록 오랫동안 끓여내는 것들이 많아 그렇겠지요. 고기 국물이 기본이 되는 탕의 경우 보통 갈비나 양지머리, 사태, 우족, 소꼬리 등을 푹 삶아 국물을 내요. 그 국물에 밥을 말아 깍두기를 한 조각 올려 먹는 맛이 얼마나 좋은지, 그리고 그렇게 한 그릇 비우고 나면 종일 얼마나 속이 든든한지, 한국탕, 전골, 찜은 대개 특식을 마련해야 할 때 만들곤 합니다.
특별한 재료로 푸짐하게 조리하는 음식들이라 옛날에는 주로 명절 때나 어르신들의 생일날, 그리고 잔칫상에 올리곤 했어요.

사람이라면 모를 리 없어요. 여름에는 여름대로 이열치열이라 하여 땀 흘려가며 먹고, 겨울에는 겨울대로 냉기를 이겨내기 위해 먹습니다. 더울 때든 추울 때든 우리의 건강을 지켜주는 음식인 것이지요.

전골은 특정 재료의 맛이 두드러지기보다는 여러 재료의 맛이 조화를 이루어 하나의 맛을 이룬다는 데 특징이 있어요. 언뜻 찌개와 비슷해 보이기도 하지만, 찌개는 주된 재료 한 가지로 만든다는 점이 전골과 다릅니다. 전골은 우리 전통음식의 중요한 특성 중 하나인 조화미를 음미할 수 있는 대표적인 음식이에요. 즉석에서 끓여 먹는 요리이므로 재료는 대개 생것으로 준비해놓지만, 국물을 탁하게 하거나 익는 데 시간이 걸리는 재료들은 미리 삶거나 데쳐놓기도 합니다. 여럿이 둘러앉아 각자가 좋아하는 재료들을 즐길 수 있어 손님 접대 음식으로 더없이 적합하지요.

찜은 수증기를 이용하여 찌거나 물을 바특하게 잡아 조리듯 쪄낸 음식입니다. 중탕을 하기도 하고, 찜기로 찌기도 하고, 일반 용기에 재료와 양념을 넣고 뜨거운 열기로 익히기도 하지요. 한식에서 찜이라 불리는 음식은 일일이 열거하기도 힘들 만큼 종류도 많고 기법도 다양한데, 푸짐한 것이든 소박한 것이든 재료의 맛이 충분히 우러나도록 하는 것이 중요해요.

양념이 깊숙이 잘 배고 재료가 한없이 부드러워지도록 폭 익혀야 하는 찜, 재료 본연의 맛이 제대로 우러나도록 진득이 끓여야 하는 탕, 여러 재료들이 잘 어우러져 하나의 깊은 맛을 내야 하는 전골을 만들고 있다 보면, 제가 걸어온 한식 지킴이의 길도 그와 같다는 생각을 하게 됩니다.

> 여러 재료들이 잘 어우러져
> 하나의 깊은 맛을 내는
> 전골을 만들고 있다 보면,
> 제가 걸어온 한식 지킴이의 길도
> 그와 같다는 생각을 하게 됩니다.

조개탕 ①

싱싱한 모시조개로 끓인
시원한 국물이 끝내주는 조개탕

폭 익히고 진득이 끓인 깊은 맛

모시조개는 가을부터 봄까지가 가장 맛있는 제철이며, 뜨거운 조개탕 국물을 먹으면 대개 시원하다고 표현하는데 이는 조개 국물의 특별한 맛 때문이지요. 그 특유의 시원한 맛은 대표적으로 타우린과 아미노산 성분에서 비롯된 것입니다. 해장용으로도 좋지만, 신경질환이나 악성빈혈을 낫게 하는 효과가 있고, 소화력이 약한 사람에게도 도움이 돼요.

재료

모시조개 300g
(해감: 물 3컵, 소금 ½큰술)
물 4컵
실파 20g
홍고추 ½개
청양고추 ½개
다진 마늘 1작은술
소금 1작은술

만드는 법

1. 모시조개는 깨끗이 씻어 소금물에 담가 3시간 정도 해감해요. 실파는 손질하여 깨끗이 씻은 뒤 3cm 길이로 썰고, 홍고추와 청양고추는 씻어 씨와 속을 떼고 3cm 길이로 채썰어요.
2. 냄비에 조개와 물을 넣고 센 불에 올려 끓으면 중불로 낮추어 5분 정도 더 끓여요.
3. 조개가 입을 벌리면 실파와 홍고추, 청양고추, 다진 마늘을 넣고, 소금으로 간한 뒤 한소끔 끓여요.

> **Tip** 맛있는 요리 꿀팁

° 모시조개는 1~2% 소금물에 담가 검은색 비닐로 덮어 어둡게 하여 2~3시간 정도 해감하는데, 이때 소금물을 갈아주면 불순물이 더욱 잘 빠져요. 조개류는 반드시 살아 있는 상태로 껍질에 윤기가 있고 무거운 것을 구입해야 맛이 좋고 비린내가 나지 않아요.

° 모시조개 대신 바지락, 동죽, 백합 등으로 끓여도 맛있어요.

° 청양고추를 넣으면 맛도 매콤하고 비린내도 없어져요.

° 감칠맛을 더하고 싶을 땐 참치 액젓이나 까나리 액젓을 조금 넣어주는 것도 좋아요.

대구탕 ②

대구와 무 등의 채소와
양념장만 있으면 어렵지 않게
끓일 수 있는 시원한 대구탕

대구는 입이 크다 하여 붙은 이름이지요. 대구는 흰살생선으로 지방 함량이 낮은 저지방·저칼로리 식품이며, 단백질과 비타민 A가 풍부합니다. 아미노산의 일종인 타우린이 풍부하여 피로회복, 시력 증강, 간 기능 강화에 좋고, 비타민 B군이 많아 소화 촉진과 혈액 순환에도 좋아요.

재료

대구 1마리(600g)
물 4½컵
무 ⅓개
청고추 2개
홍고추 1개
대파 ½대
쑥갓 50g

양념장

청장 1큰술
고추장 1큰술
소금 1작은술
고춧가루 1½큰술
다진 생강 1작은술

만드는 법

1. 대구는 비늘을 긁어낸 뒤 머리와 지느러미를 자르고 내장을 빼내 깨끗이 씻은 다음 4~5cm 길이로 잘라요.
2. 무는 손질하여 가로 2.5cm, 세로 3cm, 두께 0.5cm 정도로 도톰하게 나박썰기해요. 청·홍고추와 대파는 어슷썰기하고, 쑥갓은 5cm 길이로 잘라요.
3. 냄비에 물을 붓고 센 불에 올린 뒤 끓으면 무와 양념장을 넣고 중불로 낮추어 10분 더 끓여요.
4. 대구를 넣고 센 불에 5분 정도 끓인 뒤 중불로 낮추어 10분 정도 더 끓여 맛이 충분히 우러나면, 청·홍고추와 대파를 넣고 한소끔 더 끓인 다음 쑥갓을 넣고 불을 꺼요.

> **Tip 맛있는 요리 꿀팁**
>
> ° 대구가 없는 경우 생태를 사용해도 좋고, 해산물을 더 넣어도 국물이 시원해요.
> ° 고추장과 고춧가루는 기호에 따라 가감하면 돼요. 맑은 국물을 원한다면 고추장을 넣지 않고 청장으로 간을 맞춰요.
> ° **대구포무침** 대구채 100g을 간장 양념장(간장 1작은술, 소금 ½작은술, 설탕 1작은술)을 넣어 골고루 무친 뒤 참기름과 쪽파를 넣고 무쳐요. 또는 고추장 양념장(고추장 1½큰술, 간장 1작은술, 설탕 2큰술, 다진 파 1큰술, 다진 마늘 ½큰술, 참기름 1큰술, 통깨 ½작은술)을 넣고 무쳐도 돼요.

갈비탕 ③

진한 국물에
밥 한 술 말아 먹으면
힘이 솟는
대표적인 보양식

소갈비에 무를 넣고 푹 끓인 탕이에요. 갈비는 소고기 부위 중 맛이 좋아서 탕 이외에도 구이나 찜으로도 이용되며, 필수 아미노산과 비타민, 단백질 등이 풍부해 성장 발육을 촉진하고 원기 회복에 도움이 되지요. 뼈가 비교적 작고 살이 많은 것이 좋고, 자른 뼈의 단면이 깨끗한 것이 육질도 부드럽고 고소해요.

재료

소갈비 800g(데치는 물 5컵)
물 5ℓ
무 ⅓개
청장 2작은술
소금 2작은술
후춧가루 ¼작은술
대파 ¼대

향채

대파 40g
마늘 40g
양파 1개

황백지단

달걀 1개
식용유 1큰술

만드는 법

1. 갈비는 5cm 길이로 잘라 1시간 간격으로 찬물을 갈아주면서 3번 정도 핏물을 빼주고 힘줄과 기름을 떼어내요. 무는 손질하여 6cm 길이로 자르고, 향채는 깨끗이 씻어요. 파는 손질하여 씻은 후 송송 썰고, 달걀은 황백지단을 부쳐 2cm 길이로 채썰어요.
2. 냄비에 물을 붓고 끓으면 갈비를 넣고 5분 정도 데친 후 찬물에 씻어요.
3. 냄비에 갈비와 물을 넣고 센 불에 올려 20분 정도 끓인 뒤 중불로 낮추어 1시간 끓인 다음 무와 향채를 넣고 1시간 더 끓여요.
4. 무는 건져서 가로 3cm, 세로 4cm로 나박썰기하고, 육수는 식혀 면포에 걸러 기름을 걷어내요.
5. 냄비에 갈비와 무를 넣고 육수를 부어 센 불에서 10분 정도 끓인 뒤 청장과 소금, 후춧가루로 간하고 한소끔 끓인 다음 그릇에 갈비탕을 담고 채썬 황백지단과 송송 썬 대파를 얹어요.

> **Tip** 맛있는 요리 꿀팁
>
> ° 기호에 따라 당면을 삶아 넣어도 좋아요.
>
> ° 겨울 무는 달기 때문에 그냥 사용해도 좋으나 여름 무는 무 냄새가 진하므로 한번 데쳐서 넣는 것이 좋아요.

° **LA갈비구이** LA갈비 1.2kg을 찬물에 30분 담가 핏물을 빼고 한 번 헹군 뒤 물기를 빼요. 그릇에 갈비와 양념장(맛간장 12큰술, 파인애플주스 12큰술, 참기름 3큰술, 다진 마늘 2큰술, 후춧가루 ½작은술)을 넣고 1시간 이상 재워둔 다음 구워요.

낙지전골 ④

낙지에 매운 양념을 하여
소고기와 갖은 채소를 넣고
끓인 음식

낙지는 예로부터 강장 식품으로 널리 이용되어왔어요. '봄 쭈꾸미, 가을 낙지'라는 말이 있듯 낙지는 가을부터 겨울까지가 맛이 가장 좋아요.

재료

낙지 2마리
(소금 1작은술, 밀가루 3큰술)
소고기(우둔) 100g
모시조개 4개
(물 2컵, 소금 1작은술)
양파 1개
배추 50g
청·홍고추 1개
쪽파 50g
쑥갓 30g
소금 ¼작은술

낙지 양념장

청장 1큰술
고추장 ½작은술
고춧가루 1작은술
설탕 ½작은술
다진 마늘 ¼작은술
생강즙 ½작은술
참기름 ½작은술

소고기 양념장

진간장 1작은술
다진 파 ¼작은술
다진 마늘 1¼작은술
깨소금 ¼작은술
후춧가루 ⅛작은술
참기름 ½작은술

채소 국물 (2컵)

양파 100g
대파 30g
마늘 30g
물 3컵

만드는 법

1. 낙지는 머리를 뒤집어 먹통과 내장을 떼어내고, 다리의 빨판은 긁어낸 후, 소금과 밀가루를 넣어 주물러 깨끗이 씻은 뒤 6cm 길이로 잘라요. 소고기는 핏물을 닦아 6cm 길이로 채썰고, 모시조개는 깨끗이 씻어 소금물에 3시간 해감해요. 양파는 굵게 채썰고, 배추는 3cm로 썰어요. 청·홍고추는 씻어 어슷썰기하고, 쪽파와 쑥갓은 5cm 정도 길이로 썰어요.

2. 냄비에 물을 붓고 양파와 파, 마늘을 넣고 센 불에서 끓으면 약불로 낮추어 30분 정도 더 끓인 뒤 체에 걸러 채소 국물을 만들어요.

3. 낙지는 낙지 양념장으로 양념하고, 소고기도 고기 양념장으로 양념해요.

4. 전골냄비에 준비한 재료들을 색 맞추어 돌려 담고, 채소 국물 2컵을 부어 센 불에 올려 끓으면 소금을 넣고 중불로 낮추어 잠시 더 끓이다가 낙지가 익으면 쑥갓을 넣고 불을 꺼요.

Tip 맛있는 요리 꿀팁

° 낙지, 오징어 등의 연체류는 오랫동안 가열하면 수분이 많이 나오고 살이 오그라들어 질겨지므로 살짝 익혀야 돼요.

° 전골냄비의 크기에 따라 전골 재료의 길이를 조정하면 돼요.

° **낙지겨자초무침** 중간 크기의 낙지 2마리를 손질하여 데친 뒤 5cm 정도로 썰고, 오이 1개는 씨 부분을 잘라내고 어슷썰어요. 양파 ¼개와 당근 ¼개는 채썰어 단촛물(물 ½컵, 설탕 2큰술, 식초 2큰술, 소금 1작은술)에 담갔다가 건지고, 밤 3개와 배 ¼개는 납작하게 썰어요. 그릇에 손질된 재료들을 담고 겨자소스(연겨자 1큰술, 설탕 1½큰술, 식초 2큰술, 레몬즙 1큰술, 꿀 ½큰술, 소금 1작은술)에 버무려요.

황태유부 전골 ⑤

깔끔하면서도 시원하고
고소한 국물 맛의 전골

황태는 단백질이 풍부하고 지방이 적어 맛이 담백하며, 아미노산이 많이 들어 있어 간을 보호해주는 역할을 해요. 유부는 단백질·칼슘·지질·철분의 함량이 높고, 칼로리가 낮으면서 소량으로도 포만감을 주기 때문에 다이어트에 좋은 식품이에요.

재료

황태 1마리
유부 12장
배춧잎 5장
콩나물 100g
대파 ¼대
홍고추 1개

황태 양념

간장 1½큰술
설탕 ½작은술
다진 파 1작은술
다진 마늘 ½작은술
참기름 1큰술

육수(7컵)

북어 대가리 2개
무 100g
다시마 2장(가로·세로 5cm)
대파 ½대
청양고추 1개
물 3ℓ

육수 양념

청장 1큰술
소금 ½작은술
후춧가루 ⅛작은술

만드는 법

1. 유부는 뜨거운 물에 데쳐서 기름기를 빼고, 황태는 물에 불려 가로·세로 1.5cm로 자르고 황태 양념으로 양념한 뒤 볶아요. 배추는 3cm로 자르고, 콩나물은 뿌리를 잘라요.
2. 북어 대가리, 무, 다시마, 대파, 물을 넣고 센 불에 올려 끓으면 중약불로 낮추어 30분 정도 더 끓인 다음 다시마를 넣어 불을 끄고 10분 정도 그대로 두었다가 면포에 걸러요.
3. 유부 속에 양념한 황태를 넣어요.
4. 냄비에 배추를 깔고 유부를 돌려 담은 뒤 가운데에 콩나물을 올리고 육수를 부어 10분 정도 끓인 다음 대파와 홍고추를 어슷썰어 올리고 한소끔 더 끓여요.

Tip 맛있는 요리 꿀팁

° 먹으면서 국물이 부족하면 육수를 더 부어 끓이면 돼요.
° 국물을 조금 더 담백하게 먹으려면 북어 대가리는 빼도 돼요.
° 오래 끓이지 않고 살짝 끓여야 맛있어요.

° **황태덮밥** 황태 2마리를 손질하여 물에 불린 뒤 길이 6cm, 폭 0.5cm로 찢고, 소금과 참기름으로 밑간한 뒤 양념장(고추장 1큰술, 고춧가루 1큰술, 간장 ½큰술, 조청 1큰술, 물엿 1큰술, 설탕 1큰술, 다진 마늘 1큰술, 다진 파 2큰술, 물 1큰술)을 고루 발라 달궈진 팬에 볶아요. 불린 멥쌀에 물 2½컵, 식용유 1큰술을 넣고 밥을 지어 양념된 취나물 30g(소금 ¼작은술, 참기름 ½작은술)을 잘 섞어 그릇에 담고, 황태구이와 송송 썬 실파를 올려 양념장(청장 3큰술, 참기름 1큰술, 깨소금 1큰술)과 함께 내요.

불고기버섯 전골
⑥

쫄깃한 버섯과 연한 불고기의
환상적인 만남

버섯은 사시사철 즐겨 먹는 식품이지만, 특히 가을 버섯은 단백질과 미네랄이 풍부하고 맛과 향이 좋은 데다 오래 끓여도 쫄깃함이 사라지지 않기 때문에 전골 재료로 아주 좋지요. 갖가지 버섯에 감칠맛 나는 육수, 그리고 연한 불고기가 어우러져 최상의 맛을 내는 불고기버섯전골은 의외로 저칼로리인데다 식이섬유가 풍부해 다이어트에도 도움이 됩니다.

재료

알배기배추 50g
쑥갓(혹은 청경채나 미나리) 50g
소고기(불고기용) 300g
생표고버섯 3개
만가닥버섯(혹은 팽이버섯) 100g
느타리버섯 5개
당면 30g
쪽파 20g
소금 1작은술

양념장

진간장 2큰술
설탕 2큰술
다진 파 1큰술
다진 마늘 1작은술
맛술 1큰술
후춧가루 ¼작은술
참기름 1작은술

다시마 국물 (7컵)

다시마 3장 (가로·세로 7cm)
무 200g
청장(혹은 참치 액젓) 1큰술
물 10컵

만드는 법

1. 소고기는 핏물을 닦아 적당한 크기로 썰어 양념에 버무린 뒤 20분 정도 재워요. 배추와 쑥갓은 5cm 길이로 썰고, 표고버섯은 기둥을 제거한 뒤 채썰고, 만가닥버섯과 느타리버섯은 밑동을 잘라낸 뒤 하나씩 잘게 찢어요.
2. 당면은 찬물에 1시간 불려요.
3. 냄비에 물과 무를 넣어 센 불에 올려 끓으면 중불로 낮추고 20분 더 끓인 뒤 불을 끈 다음, 다시마를 넣어 10분 뒤 체에 걸러 청장으로 간해요.
4. 전골냄비에 모든 재료를 색깔 맞춰 돌려 담은 뒤 다시마 국물 5컵을 붓고 센 불에 올려 5분 정도 끓인 다음, 중불로 낮추어 10분 정도 더 끓인 뒤 소금으로 간을 맞추고 한소끔 더 끓여요.

Tip 맛있는 요리 꿀팁

° 전골은 부글부글 끓는 모습이 식욕을 돋우는 요리로, 국물을 미리 끓여 부으면 빨리 끓기 때문에 끓이면서 먹는 게 좋아요. 소고기만 익으면 바로 먹을 수 있어요.

° 먹으면서 국물이 부족하면 계속해서 육수를 더 부어 끓이면 돼요.

° 곤약면, 당면을 넣어 먹어도 좋아요.

달걀찜 ⑦

밥 잘 안 먹는 아이들도 좋아하는
따뜻하고 부드러운 찜

폭 익히고 진득이 끓인 깊은 맛

달걀을 풀고 새우젓으로 간하여 약불에서 서서히 익혀 만들어요. 따뜻하고 부드러워 식욕을 돋우는 효과가 있고, 매운 음식을 먹을 때 맛을 중화시켜주는 역할을 하지요. 더욱이 달걀은 눈 건강에 좋은 루테인과 뼈를 튼튼하게 하는 비타민 D가 풍부하고, 새우젓은 달걀의 소화를 돕습니다. 달걀과 물 양의 비율만 잘 맞추면 누구라도 쉽게 부드러운 달걀찜을 만들 수 있어요.

재료

달걀 3개
새우젓국 ½큰술
맛술 1큰술
실파 1큰술
홍고추 ¼개

다시마 국물(⅔컵)

다시마 1장(가로·세로 7cm)
물 2컵

만드는 법

1. 뜨거운 물에 다시마를 넣고 20분 우려낸 뒤 건져낸 다음 차게 식혀 국물을 준비하고, 실파는 송송 썰어요.
2. 달걀을 깨뜨려 알끈을 떼어내고, 흰자와 노른자를 잘 풀어 다시마 국물과 맛술을 넣은 다음, 새우젓국으로 간하여 고루 섞은 뒤 체에 2회 정도 걸러 달걀물을 만들어요.
3. 그릇에 70-80% 정도 담고 위의 거품을 걷어내요.
4. 찜기에 물이 끓으면 중약불로 낮춘 뒤 달걀찜 그릇을 넣고 찜기 뚜껑을 덮어 약불에서 15분 정도 찐 다음 달걀찜에 송송 썬 실파와 홍고추를 얹어 잠시 더 쪄요.

> **Tip 맛있는 요리 꿀팁**
>
> ° 새우젓국물 대신 멸치액젓이나 소금을 넣어도 좋아요.
>
> ° 중탕으로 만들 때는 냄비에 물을 용기의 ½ 높이에 닿을 만큼 올라오게 넣고, 냄비 바닥에 면포를 깔아주면 움직이지 않기 때문에 달걀찜의 표면이 고와요.
>
> ° 게살을 넣고 달걀찜을 하면 고급스러운 별미 달걀찜이 되지요.
>
> ° 찜기에 찌지 않고 전자레인지에 5분 정도 돌려서 간단하게 만들 수 있어요.
>
> ° 달걀찜은 오랜 시간 찌면 푸른색으로 변하고, 센 불에서 찌면 기포가 많이 생겨 표면이 거칠어지므로 주의하세요.

꽈리
고추찜
⑧

꽈리고추에 밀가루나 메밀가루 등을
묻혀 찜기에 찐 뒤 양념장으로 무친 별미

폭 익히고 진득이 끓인 깊은 맛

꽈리고추는 일반 고추보다 매운맛이 덜하고, 굴곡 때문에 약간 꼬들꼬들한 식감을 가지고 있는 것이 특징이지요. 일반적으로 간장 양념장으로 볶아 먹는데, 가루를 묻혀 찜으로 만들면 훨씬 부드러운 맛을 내요. 고추에는 비타민이 많아 멸치나 고기류 등 단백질이 풍부한 식재료와 함께 먹으면 영양 면에서 아주 조화롭답니다.

재료

꽈리고추 200g
밀가루(혹은 메밀가루) 2큰술
콩가루 2큰술

양념장

고춧가루 1큰술
간장 2큰술
매실액 1큰술
다진 마늘 1작은술
통깨 1작은술
참기름 1큰술
통깨 ⅛작은술

만드는 법

1. 꽈리고추는 꼭지를 떼어내고 씻은 뒤 물기를 빼고 대꼬치로 구멍을 뚫어요.
2. 꽈리고추에 밀가루와 콩가루를 넣고 옷을 입혀요.
3. 김 오른 찜통에 올려 4분 정도 찐 뒤 냉각시켜요.
4. 양념장에 식힌 꽈리고추를 넣고 살살 버무려요.
5. 그릇에 담고 중앙에 통깨를 뿌려요.

Tip 맛있는 요리 꿀팁

° 어린 꽈리고추가 맵지 않고 맛이 있어요.
° 꽈리고추는 꼭지를 떼어내고 대꼬치나 포크로 구멍을 뚫으면 양념이 안으로 잘 스며들어 맛도 있고 조리는 시간이 단축돼요.

° **꽈리고추멸치볶음** 달궈진 팬에 식용유를 두르고 멸치 50g, 다진 마늘 ½큰술, 청주 ½큰술을 넣고 볶다가 꽈리고추 150g과 양념장(조림간장 1½큰술, 물엿 ½큰술)을 넣어 볶은 다음 참기름과 통깨를 넣고 잘 섞어 넓은 접시에 펼쳐 식혀요.

소갈비찜 ⑨

남녀노소 누구나 좋아하는
우리나라 대표 찜 요리

4 밥상의 격을 높이는 탕, 찜, 전골 · 폭 익히고 진득이 끓인 깊은 맛

주로 명절이나 잔칫날 먹게 되는 요리로 소갈비에 무나 표고버섯 등의 채소를 넣고 갖은 양념을 하여 찐 음식이에요. 지방이 많은 고기는 살짝 삶아 조리하면 기름기 제거에 효과적이고, 뼈 있는 갈비는 양념을 흡수하지 못하므로 간을 맞출 때 양념을 줄여 넣어야 음식이 짜지지 않아요. 예를 들어 갈비 100g에 간장 ½큰술 정도가 적당합니다.

재료

소갈비 600g(데치는 물 6컵)
무 ¼개
당근 ½개
표고버섯 3장
은행 8알
대추 4개
갈비 삶은 육수 4컵
참기름 1큰술

양념장

간장 3큰술
설탕 1½큰술
꿀 1큰술
배즙 ⅓컵
청주 2큰술
다진 파 2큰술
다진 마늘 1큰술
깨소금 1큰술
후춧가루 ⅓작은술

만드는 법

1. 소갈비는 5cm 길이로 잘라서 힘줄을 떼어내고 물에 담가 1시간마다 물을 갈아주면서 3번 정도 핏물을 뺀 다음, 폭 1.5cm로 칼집을 넣고 끓는 물에 데친 뒤 찬물에 헹궈요. 냄비에 물과 갈비를 넣고 센 불에 올려 끓으면 중불로 낮춘 뒤 20분 정도 더 끓여 익은 갈비는 건지고 육수는 식혀 면포에 걸러요.

2. 무와 당근은 껍질을 벗겨 가로·세로 4cm로 썰어 모서리를 둥글게 깎고, 표고버섯은 물에 1시간 정도 불려 기둥을 떼고 2~4등분해요. 은행은 달군 팬에 식용유를 두르고 살살 굴려가며 볶은 뒤 속껍질을 벗기고, 대추는 젖은 면포로 닦은 뒤 돌려 깎으며 씨를 뺀 다음 돌돌 말아요.

3. 냄비에 소갈비와 양념장 ½을 넣고 10분 정도 재워두었다가 육수를 붓고, 센 불에 올려 끓으면 중불로 낮추어 30분 정도 더 끓여 익혀요.

4. 갈비가 익고 국물이 반으로 줄어들면 표고버섯, 무, 당근을 넣고 나머지 양념장 ½을 부어 15분 정도 끓인 다음, 은행과 대추를 넣고 국물을 끼얹어가며 윤기 나게 졸이다 국물이 자작해지면 참기름을 넣고 고루 섞어요.

> **Tip 맛있는 요리 꿀팁**
>
> ° 갈비는 물에 충분히 담가두어야 뼛속의 핏물까지 빠져 누린내가 나지 않고, 먹음직스러운 밝은 빛을 띠어요. 핏물을 빨리 빼려면 물에 설탕을 2큰술 넣어요.
>
> ° 양념장은 갈비가 충분히 익은 다음 넣어야 고기가 부드럽게 잘 익어요.
>
> ° 갈비 가운데에 칼집을 넣고 양옆으로 펼쳐 찜을 만들면 먹기도 편하고 고기도 부드러워지기 때문에 고기를 잘 씹지 못하는 어린이나 노인이 먹기에 좋아요.
>
> ° 압력솥을 이용하면 조리 시간을 단축할 수 있어요.
>
> ° **새송이떡갈비** 다진 갈빗살 200g과 다진 돼지고기 50g에 양념장(간장 1½큰술, 소금 ½작은술, 설탕 1큰술, 다진 파 2작은술, 다진 마늘 1작은술, 배즙 ½컵, 후춧가루 ⅛작은술, 참기름 1작은술)을 넣고 잘 치대요. 새송이는 길이로 2등분하여 밀가루를 묻히고 양념한 갈비를 둥글게 붙여 팬에 지진 뒤 소스(채소 국물 ½컵, 간장 ½큰술, 꿀 1작은술, 설탕 ½큰술, 녹말물 2큰술)를 뿌려요.

최고의 요리 비법

*탕, 찜, 전골 요리 비법

Q 갈비탕을 끓일 때 고기의 잡내를 없애려면 어떻게 해야 하나요?

A 갈비를 손질하여 끓는 물에 한번 데쳐서 헹구면 돼요. 그러면 기름기와 나쁜 냄새가 제거되어 느끼하지 않아요. 보관한 지 오래되어 고기의 누린내가 심할 때는 쌀뜨물에 다진 생강과 청주를 넣고 10분 정도 담갔다가 사용하면 돼요.
쌀뜨물에 생강술을 넣어도 좋고, 양념에 후춧가루나 월계수잎 등을 넣어도 효과가 있어요.

Q 갈비탕이나 곰탕, 설렁탕 등 질긴 육류를 탕으로 맛있게 끓이는 방법이 궁금해요.

A 갈비나 사태, 양지 등은 질긴 부위이지만, 처음에는 센 불에서 끓이다가 불을 줄여 낮은 불에서 오래 끓이면 육류 속의 맛있는 성분들이 잘 용출되어 고소하고 단맛을 주며 영양도 더 좋아요.

Q 매운탕을 얼큰하게 끓일 때 고추장과 고춧가루의 비율은 어떻게 해야 할까요?

A 보통의 매운맛을 낼 때는 고추장 1큰술, 고춧가루 ½큰술을 넣으면 돼요. 고추장을 많이 넣으면 맛이 텁텁해지지요. 더욱 매운맛을 내고 싶을 때는 고춧가루 양을 추가하면 되고, 청양고추를 썰어 넣어도 좋아요.

Q 탕, 전골에 육수, 채소 국물 대신 어떤 재료를 넣어 밑국물을 만들면 좋을까요?

A 육수와 채소 국물이 없으면 새우가루나 멸치가루 등 다양한 가루를 넣어 만들어도 좋아요.

최고의 요리 비법

*탕, 찜, 전골 요리 비법

Q 생선 매운탕을 끓일 때 생선은 언제 넣으면 좋나요?

A 생선은 처음부터 미리 넣고 끓이면 살이 부스러지거나 비린내가 나거나 탕국물이 탁할 수가 있어요. 재료가 한소끔 끓은 후 생선을 넣는 것이 좋아요.

Q 육류로 찜 요리를 할 때 고기를 부드럽게 하는 방법이 있을까요?

A 고기를 찬물에 담가 핏물을 충분히 뺀 뒤 끓는 물에 데친 다음 양념장을 넣고 중불에서 은근히 익히면 돼요.

Q 갈비찜이나 사태찜을 윤기 나게 먹음직스럽게 만드는 방법이 있나요?

A 양념장을 넣고 찜을 하다가 잘 익으면 마지막에 뚜껑을 열고 양념장을 고기 위로 자주 끼얹어주면 오래도록 윤기가 나고 식감이 좋아요.

Q 전골냄비는 어떤 것을 사용하는 것이 좋나요?

A 열전도가 잘되며 열이 쉽게 식지 않는 굽 낮은 돌냄비나 철냄비, 사기냄비, 법랑냄비 등이 좋아요.

Q 전골은 어떻게 끓여 먹으면 맛이 좋을까요?

A 전골냄비에 재료들을 둘러 담고 뜨겁게 끓여둔 국물을 부어 오래 끓이지 않고 고기나 해물이 살짝 익으면 먹기 시작해요. 재료 본연의 맛을 더욱 느낄 수 있어요.

5

자연을 닮은
나물 요리

자연의 순리대로 사는 법

자연의
순리대로
사는 법

　우리에게는 봄, 여름, 가을, 겨울의 사계절이 있어서 그때마다 다른 식재료로 다양한 음식을 만들어 먹을 수 있습니다. 제철음식을 먹으면 맛과 영양은 물론 그 계절의 기氣를 섭취하게 되므로 몸의 면역력을 형성하여 질병을 예방하는 데 큰 도움을 줘요. 제철음식만 잘 챙겨 먹어도 별다른 보약이 필요 없다는 말이 있을 정도이지요.

　어린 시절 봄이 되면 저는 어머니와 함께 바구니와 작은 칼을 들고 나물을 뜯으러 사방을 돌아다니곤 했습니다. 입춘을 막 지난 이른 봄에는 텃밭에서 언 땅을 비집고 나온 냉이와 달래, 그리고 뽀얀 쑥을 뜯었지요. 논두렁이나 습지에서는 물쑥과 미나리를 뜯었고요. 그 나물들이 바닥나면 들판으로 나가 민들레·꽃다지·두릅·방풍잎을 뜯고, 산으로 올라가 원추리·곰취·산갓·무릇을 캐고 고사리순도 꺾었어요. 국도 끓이고 무침도 하고 떡도 만들면, 밥상에서는 그야말로 봄의 향연이 펼쳐졌어요. 무엇보다 봄나물은 겨우내 웅크리고 있던 신체 기능을 일깨워 춘곤증도 없애주고 소화력도 활발하게 해줍니다.

　여름은 다른 계절보다 해가 길어 활동 시간이 길어지고, 무더위로 인해 땀을 많이 흘려 체력도 쉽게 떨어지기에 영계백숙이나 삼계탕·장어구이·추어탕·메기탕 같은 보양식을 찾아 먹게 되는데, 돌나물·머위잎·명아주·가지·오이·애호박 등 제철채소를 챙겨 먹는 것도 건강한 여름을 나는 데 큰 도움이 되지요.

우리에게는 사계절이 있어
그때마다 다른 식재료로 다양한
음식을 만들어 먹을 수 있어요.

가을은 결실의 계절답게 그 어느 때보다 몸에 좋은 먹을거리가 참으로 풍성합니다. '인삼과 맞잡이'라 일컬어지는 무를 비롯해 도라지·더덕·연근·토란대나물 등 끝도 없지요. '산에서 나는 보약'이라 불리는 버섯도 가을이 제철이고, 누렇게 익은 늙은 호박도 체력 보강에 더없이 좋은 식재료예요.

겨울에는 땅이 얼어 언뜻 제철나물 요리가 없을 거라는 생각도 들겠지만, 우리에게는 가을에 말려둔 무청잎 시래기·호박오가리·취나물·고구마줄기·무말랭이 등이 있답니다. 이 묵은 나물을 볶거나 무쳐 만든 반찬의 맛은 놀라움을 넘어 경이롭기까지 해요. 추위를 잘 버티고 자라 뿌리가 붉고 길이가 짧은 동초도 빼놓을 수 없습니다. 동초는 나물로 무쳐 먹기도 하고 생으로 겉절이를 해 먹기도 하는데, 뿌리 부분이 얼마나 달짝지근하고 맛있는지 다른 반찬이 없어도 밥 한 그릇 해치우는 건 일도 아니에요. 배추, 무, 고구마 등을 땅에 묻어 필요할 때마다 꺼내어 된장을 넣고 끓인 국도 겨울 보양식으로 그만이지요.

계절별로 나오는 수십 가지 나물들의
맛도 제각기 특징이 있지만 어떤 양념을
넣느냐에 따라 완전히 다른 맛을 냅니다.

　이 사계절 나물들은 모두 제가 어린 시절 어머니가 만들어주셨던 것들이에요. 그러니까 일 년 내내 저희 집 밥상에는 나물 요리가 빠지지 않고 올랐던 셈이지요. 저는 지금도 밥반찬 중 나물 요리를 가장 좋아해요.
　계절별로 나오는 수십 가지 나물들의 맛도 제각기 특징이 있지만, 그 나물들을 무쳐내는 양념도 제각기 달라 어떤 양념을 넣느냐에 따라 완전히 다른 맛을 냅니다. 텃밭에서 뜯은 나물들은 초고추장을 넣고 새콤달콤하면서도 매콤하게 무치고, 들에서 캔 나물들은 된장 양념을 넣고 순하게 곰삭은 맛을 내게 하며 산에서 뜯어온 산나물들은 간장 양념으로 산나물의 향취를 십분 살리지요. 반드시 나물 요리가 아니라도 국이나 찌개·전·구이 등으로 채소 요리를 즐길 수 있답니다.

오이볶음 ①

오이는 상큼한 향과 아삭한 맛이 있어 주로 생식을 하거나 김치 등에 이용하는데, 나물로 만들면 아삭하고 고소한 맛이 별미랍니다. 오이를 썰어 소금에 절였다가 살짝 볶으면 색다른 오이 요리를 맛볼 수 있어요.

재료
오이 2개, 소금 1작은술, 홍고추 1개, 식용유 ½큰술, 다진 마늘 1작은술, 소금 ⅛작은술, 참기름 ½큰술, 통깨 ½큰술

만드는 법
1. 오이를 소금으로 비벼 깨끗이 씻은 뒤 0.3cm 두께로 썬 다음, 소금을 넣고 30분 정도 절여 물기를 짜요. 이때 으끄러지지 않도록 짜야 볶았을 때 질감이 좋아요.
2. 홍고추를 씻어 0.2cm 두께로 둥글게 썰어요.
3. 팬을 달구어 식용유를 두르고 다진 마늘과 오이를 넣고 센 불에서 볶다가 소금, 참기름, 통깨, 홍고추를 넣고 잠시 더 볶아요. 센 불에서 빨리 볶아야 색이 파랗고 질감도 아삭해요.

가지볶음 ②

대표적인 여름 채소인 가지는 차가운 성질을 지니고 있어 열을 내리고 혈액 순환을 도우며 통증을 멎게 하는 효능이 있고, 칼로리가 낮아 다이어트 식품으로도 꼽혀요. 제철에 말려두었다가 필요할 때 물에 불려 소고기와 같이 볶으면 맛있는 가지요리를 사시사철 즐길 수 있어요.

재료
가지 3개, 소금 1작은술, 식용유 1큰술
양념장 간장 1½큰술, 설탕 1작은술, 다진 파 2작은술, 다진 마늘 1작은술, 참기름 1작은술, 깨소금 1작은술

만드는 법
1. 가지는 씻어서 꼭지를 떼고 길이 5cm, 폭·두께 1cm로 썰어 소금을 넣고 10분 정도 절인 뒤 물기를 빼고, 양념장을 만들어요.
2. 팬을 달구어 식용유를 두른 뒤 절여놓은 가지를 넣고 중불에서 5분 정도 볶아요.
3. 양념장을 넣고 고루 섞어 3분 정도 볶아요.

두릅무침 ③

'봄철의 두릅은 금이요, 가을의 두릅은 은이다'는 말이 있을 정도로 산나물의 제왕으로 불리는 고급 나물이지요. 봄철 입맛을 돋우는 요리로 두릅무침만 한 게 없어요. 두릅은 향기가 강하고, 순이 굵고 연하며, 길이가 짧고, 붉은 껍질이 붙어 있으며, 껍질이 마르지 않은 것이 좋아요.

재료
두릅 250g, 물 5컵, 소금 ¼작은술
양념장 고추장 2큰술, 설탕 ½큰술, 다진 파 ½큰술, 다진 마늘 1작은술, 통깨 1작은술, 식초 ½큰술

만드는 법
1. 두릅은 나무 달린 밑 부분을 잘라내고 손질하여 깨끗이 씻은 뒤 굵은 것은 길게 2~4등분하고, 양념장을 만들어요.
2. 냄비에 물을 붓고 센 불에 올려 끓으면 소금과 두릅을 넣고 뿌리부터 담가 잠시 익히다 잎사귀 부분을 넣고 데친 뒤 물에 헹구어 물기를 짜요.
3. 양념장을 넣고 간이 배이도록 고루 무쳐요.

도토리묵무침 ④

도토리묵은 대표적인 저칼로리 식품이에요. 묵은 오래되면 다시 노화되는 현상이 있기 때문에 먹을 만큼만 직접 집에서 만들거나 구입하는 게 가장 좋아요. 쓰고 남은 것은 랩에 싸서 냉장 보관을 하여 먹을 때 끓는 물에 1~2분 정도 데치면 탄력이나 투명한 빛깔이 다시 살아나요.

재료
도토리묵 1모, 오이·당근 ½개, 쑥갓 30g, 청·홍고추 각 ½개
양념장 간장 1⅓큰술, 설탕 ½작은술, 고춧가루 ½작은술, 다진 파 1작은술, 다진 마늘 ½작은술, 통깨 1작은술, 참기름 1큰술

만드는 법
1. 도토리묵은 가로 4cm, 세로 3cm, 두께 1cm 정도로 썰어요.
2. 오이는 소금으로 비벼 깨끗이 씻은 뒤 길이로 ½등분하여 4cm 정도로 어슷썰어요.
3. 쑥갓은 손질하여 씻어 5cm 길이로 자르고, 청·홍고추는 2cm 길이로 어슷썰어요.
4. 도토리묵과 준비한 채소에 양념장을 넣고 무쳐요.

탕평채 ⑤

청포묵과 소고기, 미나리, 숙주, 달걀 등 오색의 고명이 화려하게 어우러진 음식이에요. 청포묵은 녹두를 갈아 만든 묵으로 단백질과 필수아미노산이 풍부하며, 비타민이 풍부한 미나리와 숙주 등의 채소와 같이 먹으면 서로 부족한 영양을 보충해주지요. 또한 칼로리가 낮아 다이어트 식품으로 적합하고, 어린이 성장 발육에 아주 좋답니다.

재료
청포묵 1모, 소고기(우둔) 100g, 미나리 50g, 숙주 100g, 홍고추 1개, 달걀 1개, 김 1장, 식용유 1큰술
청포묵 밑간 소금 ½작은술, 참기름 1작은술
소고기 양념 간장 2작은술, 설탕 ½작은술, 다진 파 1작은술, 다진 마늘 ½작은술, 깨소금 ⅓작은술, 후춧가루 ⅛작은술
초간장 양념 간장 2작은술, 설탕 1큰술, 식초 2큰술, 깨소금 1작은술

만드는 법
1. 청포묵은 길이 7cm, 폭·두께 0.5cm로 채썰어 끓는 물에 1분 정도 데쳐 밑간하고, 소고기는 핏물을 닦아 길이 5cm, 폭·두께 0.3cm로 채썰어 양념해요.
2. 숙주는 거두절미하고, 미나리는 다듬어 각각 데쳐 찬물에 헹구고, 데친 미나리는 4cm 길이로 잘라요.
3. 팬에 식용유를 두르고 중불에서 소고기를 볶고, 김은 앞뒤로 구워 곱게 부숴요. 홍고추는 씻어 길게 반으로 잘라 속을 떼어내고 길이 4cm, 폭 0.3cm로 채썰어요. 달걀은 황백지단을 부쳐 4cm 길이로 채썰어요.
4. 모든 재료를 함께 넣고 초간장 양념을 넣고 가볍게 섞어요.
5. 그릇에 담고 조금 남겨두었던 홍고추, 김, 황백지단을 고명으로 얹어요.

콩나물무침 ⑥

콩나물무침은 국민반찬이라 불릴 정도로 우리 식탁에 자주 오르는 음식이에요. 식당에 가도 밑반찬으로 자주 등장을 하지요. 간단하게 만들 수 있는 요리이지만 아삭아삭한 식감을 내기가 어렵다는 분들이 많죠. 절대 실패 없는 콩나물무침 비법을 알려드릴게요.

재료
콩나물 300g, 물 1컵, 소금 ½작은술
양념장 소금 ¼큰술, 다진 파 ½큰술, 다진 마늘 1작은술, 통깨 2작은술, 참기름 ½큰술

만드는 법
1. 콩나물 뿌리를 다듬고 씻어요.
2. 냄비에 물을 붓고 소금과 콩나물을 넣어 뚜껑을 덮은 뒤 센 불에 올려 끓으면 3분 정도 삶아 체에 펼쳐 한 김 식혀요. 뚜껑을 덮거나 처음부터 계속 열고 삶아야 비리지 않아요.
3. 삶은 콩나물에 양념을 넣고 간이 잘 배도록 무쳐요.
4. 많은 양을 만들 때는 삶아서 찬물에 식힌 후 무쳐야 아삭한 식감을 살릴 수 있어요.

° **콩나물파무침** 콩나물 200g은 물에 삶고, 파채 100g은 찬물에 담가 매운맛을 빼고, 고춧가루, 참기름, 소금, 깨소금과 함께 무쳐요. 삼겹살 등의 고기 요리에 곁들이면 좋아요.

실파무침 ⑦

실파를 데쳐 양념장과 김 가루를 넣고 무친 음식이에요. 파는 그 자체가 주재료가 되어 음식이 되기도 하지만, 보통은 다른 음식의 맛을 돕는 양념으로 쓰여요. 파의 자극적인 매운 냄새는 알린이라는 물질에서 비롯된 것인데, 고기나 생선의 안 좋은 냄새를 제거해주며, 비타민 B를 활성화하는 역할을 한답니다.

재료
실파 300g, 소금 ½작은술, 구운 김
양념장 청장 ½큰술, 소금 ½작은술, 통깨 ½작은술, 참기름 ½큰술

만드는 법
1. 실파를 다듬어 깨끗이 씻어요.
2. 끓는 물에 소금과 실파를 넣고 데쳐 찬물에 헹구고 물기를 빼서 5cm 길이로 잘라요.
3. 실파에 양념장을 넣고 간이 잘 배도록 고루 무쳐요. 이때 구운 김을 부숴 넣고 무쳐요.

° 김을 구운 후 비닐봉지에 넣고 부수면 좋아요.

무생채 ⑧

아삭한 무를 채썰어 새콤달콤하게 무치면, 별다른 반찬이 필요 없어요. 무는 탄수화물을 분해하는 디아스타아제가 함유되어 있어 냉면이나 떡과 함께 먹으면 소화에 도움이 되지요. 또 수분 함량이 높고, 비타민 C와 무기질, 당분을 함유하고 있어요. 매운맛과 단맛이 어우러져 다양한 요리에 이용돼요.

재료
무 250g, 고춧가루 2작은술
양념장 소금 ½작은술, 설탕 1⅔큰술, 다진 파 1작은술, 다진 마늘 ½작은술, 다진 생강 ¼작은술, 깨소금 1작은술, 식초 1⅔큰술

만드는 법
1. 무는 손질하여 깨끗이 씻은 뒤 6~7cm 길이로 잘라 폭·두께 0.2cm로 채썰고, 양념을 만들어요. 무는 결대로 채썰어야 아삭해요.
2. 무에 고춧가루를 넣고 버무려 고춧물을 들여요. 그래야 색도 곱고 매콤합니다.
3. 양념을 넣고 간이 잘 배도록 고루 무쳐요.

° **무전** 무 200g를 손질하여 얇게 포를 뜨거나 채썬 뒤 밀가루 반죽(밀가루 1컵, 소금 ½작은술, 물 ¾컵)에 넣고 달군 팬에 식용유를 둘러 지져낸 뒤 초간장을 곁들여요.

최고의 요리 비법

*맛깔난 나물요리

Q 제철 채소들을 오래 두고 먹으려면 어떻게 보관해야 하나요?

A 뿌리채소는 씻지 않은 채 신문지에 싸서 통풍이 잘되고 습도 변화가 적은 서늘한 곳에 보관해요. 쑥이나 시금치 등의 잎채소는 손질한 뒤 신문지로 여러 겹 싼 다음 물을 뿌려 서늘한 곳에 보관하고, 장기간 보관하고 싶을 때는 살짝 데쳐서 물기가 있는 상태로 냉동 보관해요. 호박, 가지, 고사리, 토란대 등 식이섬유소가 많은 채소는 적당한 크기로 썰어 그늘에 바싹 말린 뒤 상온에 보관했다가 먹을 때 따뜻한 물에 불려 사용하면 돼요.

Q 잎채소를 질겨지지 않도록 적당히 잘 데치려면 어떻게 해야 할까요?

A 소금 1작은술을 넣은 끓인 물에 먼저 뿌리 쪽부터 넣고 잎까지 넣은 뒤 30초 정도 데친 다음 바로 찬물에 헹궈요. 살짝 덜 데쳐진 듯 보이지만, 빠른 냉각 후에도 남은 잔열로 익혀지므로 걱정 안 해도 돼요. 찬물에 헹군 뒤 짤 때는 너무 꼭 눌러 짜지 않는 게 좋아요.

Q 생채무침이나 겉절이를 맛있게 무치는 비법이 있나요?

A 무나 당근 같은 단단한 채소는 미리 절여두었다가 양념장에 무치는 것이 좋고, 생채나 겉절이는 채소를 깨끗이 씻은 뒤 물기 제거를 잘해주어야 양념이 잘 배요. 그리고 손가락으로 조물조물 무치는 것보다 손 전체를 사용해서 무쳐주면 양념이 더 빨리 배지요. 단 푸른 잎채소를 무칠 때는 가볍게 무쳐야 풋내가 나지 않아요.

Q 나물에 양념장이 잘 배어들게 하려면 어떻게 해야 할까요?

A 양념장으로 나물을 무친 뒤 마지막에 참기름을 (깨소금과 함께) 넣으면 돼요. 미리 참기름을 넣으면 재료 표면이 기름으로 코팅되어 양념장이 잘 배지 않고 겉돌아요.

Q 나물에 감칠맛을 더하려면 어떤 재료를 사용해야 하나요?

A 들깨가루나 표고버섯가루 등 천연 양념 가루를 넣으면 감칠맛이 더해져요. 기본적으로는 파, 마늘, 간장으로 맛을 내지만, 재료에 따라 들기름과 참기름을 사용하면 같은 재료의 나물이라도 다른 맛을 즐길 수 있지요. 볶음 나물을 만들 때에는 멸치 육수나 표고버섯 국물을 우려 넣으면 풍미가 좋아져요.

Q 묵은 나물은 어떻게 사용해야 할까요?

A 따뜻한 물에 충분히 불려두었다가 무르도록 삶은 뒤 물속에 담긴 그대로 식힌 다음 깨끗이 헹구어 사용하면 돼요. 이때 국간장, 파, 마늘, 참기름을 넣어 조물조물 무친 뒤 잠시 재워두었다가 달궈진 팬에 볶은 다음 물이나 멸치 육수를 반 컵 정도 넣고 중약불에서 충분히 뜸을 들이면 아주 부드럽고 맛있는 나물을 만들 수 있어요.

6

재료들이 잘
섞여야 맛이 나는
조림과 볶음

최상의 맛을 위한 정반대의 조리법

최상의 맛을 위한 정반대의 조리법

모든 음식에는 그 음식에 가장 적합한 조리법이 있기 마련이고, 그 원리를 터득하면 요리라는 게 그리 어렵거나 복잡한 일이 아니라는 걸 알게 됩니다.

대표적으로 불의 세기와 조리 시간은 음식의 맛을 좌우하는 아주 중요한 요소입니다. 아무리 좋은 재료가 준비되었더라도 불 조절이 잘못되거나 조리 시간을 맞추지 않으면 기대했던 맛을 내기란 어려워요. 이는 모든 음식에 적용되는 전제이지만, 특히 조림과 볶음 요리에는 더욱 결정적인 영향을 미친답니다. 재미있는 건 그 두 가지 조리법의 불의 세기와 조리 시간이 완전히 정반대라는 점이지요.

조림과 볶음 요리에는 유독 입맛을 돋우는 것들이 많은데, 육류·어패류·채소류 등 다양한 재료들과 감칠맛 나는 양념이 제대로 잘 어우러져야 한다는 건 둘의 공통점이에요. 하지만 조림은 양념이 재료에 속속들이 스며들도록 약한 불에서 오랜 시간 익혀야 하는 반면, 볶음은 재료의 식감을 최대한 살릴 수 있도록 센 불에서 빨리 조리해야 합니다. 그 점을 염두에 둔다면 준비 과정이 비교적 복잡한 요리라도 실패하지 않을 수 있어요. 조림 요리에 비해 기다림의 시간이 짧다는 점에서 볶음 요리는 바쁜 일상을 사는 이들에게 더 적합해 보이지만, 조림 요리 또한 대개 간을 세게 하여 오래 두고 먹을 수 있기 때문에 매 끼니마다 새로이 음식을 만들 여유가 없는 이들에게 알맞은 반찬이라 할 수 있지요.

저는 어린 시절 생선조림을 무척 좋아했습니다. 생선도 생선이지만, 갈치조림에 넣은 무나 고등어조림에

조림과 볶음 요리에는
유독 입맛을 돋우는 것들이 많아요.
육류, 어패류, 채소류 등
다양한 재료들과 감칠맛 나는
양념이 제대로 잘 어우러져야 해요.

볶음 요리는 한국의 멋을 느끼게 할 뿐만 아니라 주요 영양소를 고루 섭취할 수 있는 건강음식이에요.

넣은 묵은지를 더 좋아했어요. 무는 지금도 아주 좋아하는 식재료라서 껍질만 벗겨 간식으로 먹기도 한답니다. 장날이 되면 어머니는 눈에 넣어도 아프지 않은 막내딸인 저를 위해 갈치를 사 오셔서 조림을 만들어주곤 하셨지요. 제가 좋아하는 무를 도톰하게 썰어 냄비 바닥에 깔고 그 위에 갈치 조각들을 켜켜이 얹어 양념장을 뿌린 뒤 부뚜막 앞에 쪼그려 앉아 부지깽이로 불 조절을 하며 조림을 만드셨어요. 갈치를 넉넉하게 사 오신 날에는 조림 말고도 구이를 해주기도 하셨지요. 밥의 뜸을 들일 때 장작불을 조금 꺼내어 그 위에 석쇠를 올려놓고 갈치를 구워주시던 모습이 종종 눈앞을 스칩니다.

    볶음 요리는 대개 조리 시간은 짧으나 여러 재료를 넣는 경우가 많아 조림에 비해 준비 시간이 좀 더 걸리곤 해요. 대표적으로 궁중떡볶이와 잡채가 그러합니다. 이 두 가지는 전통적인 조리법과 현대의 조리법이 조금 다르지요. 궁중떡볶이는 흰떡과 소고기, 색색의 다양한 채소를 넣고 고추장 대신 간장 양념에 볶은 음식으로, 한국의 멋을 느끼게 할 뿐만 아니라 주요 영양소를 고루 섭취할 수 있는 건강 음식이에요. 그리고 잡채는 '섞일 잡雜'과 '나물 채菜' 자가 더해진 것으로 원래는 갖은 채소들을 볶아 만든 음식이었는데, 오늘날에는 당면을 더 많이 넣어서인지 면 요리로 잘못 알고 있는 사람들이 많더군요.

    오늘날 많은 이들에게 익숙한 조리법도 좋지만, 가끔은 우리의 전통적인 방법으로 음식을 만들어보는 것도 좋을 것 같아요. 옛 조상들의 레시피가 지금의 우리에게도 적절한지는 각자 판단해 보도록 해요. 물론 저는 누구라도 여지없이 매혹될 것이 분명하다고 확신하지만요.

소고기
꽈리고추
장조림 ①

어른부터 아이까지 온 가족이
다 좋아하는 밑반찬

홍두깨살이나 우둔 부위를 큼직하게 썰어 꽈리고추와 마늘을 넣고 간장에 조린 뒤 결대로 찢거나 얇게 썰어 먹으면 입맛이 확 돌지요. 손질이 쉽고 영양이 풍부하며 감칠맛을 더해주는 꽈리고추는 잔주름이 많고 꼭지가 푸르며 마르지 않은 것이 좋아요. 장조림은 냉장고에 1주일 정도 보관하는 것이 적당하고, 만약 오래 두고 먹을 때는 만든 지 3~4일 후에 간장만 따라낸 뒤 팔팔 끓여 다시 부어주면 돼요.

재료

소고기(사태, 우둔) 200g
물 3컵
향채(파 20g, 마늘 30g)
꽈리고추 100g
마늘 10개

양념장

간장 5큰술
설탕 2큰술
맛술 1큰술

만드는 법

1. 소고기는 키친타월에 싸서 핏물을 닦은 뒤 가로·세로·두께를 6cm 정도로 큼직하게 썰고, 꽈리고추는 씻어 꼭지를 떼고 대꼬치로 찔러 구멍을 내요.
2. 냄비에 물과 소고기를 넣고 센 불에 올려 끓으면 향채를 넣고 중불로 낮추어 30분 정도 더 끓인 뒤 향채를 꺼내요.
3. 소고기가 익으면 양념장을 넣고 간장 국물이 절반이 되도록 끓여요.
4. 마늘과 꽈리고추를 넣고 10분 정도 더 끓여요.

Tip 맛있는 요리 꿀팁

- 새송이버섯이나 표고버섯을 넣어도 좋아요.
- 소고기를 부드럽게 하려면 양념장을 처음부터 넣지 말고 소고기를 살짝 익힌 뒤 넣어요.
- 꽈리고추가 크거나 매우면 반으로 잘라서 찬물에 헹궈 매운맛을 빼고 사용해요.
- 장조림으로 만든 소고기는 찢어 그릇에 담고, 마늘과 꽈리고추는 옆에 담아 간장 국물을 끼얹어요.

- **오징어메추리알장조림** 메추리알 200g을 완숙하여 껍질을 벗겨 냄비에 넣고, 조림장(물 1컵, 맛간장 2/3컵, 맛술 2큰술, 물엿 2큰술)을 넣은 뒤 메추리알이 갈색으로 변하고 조림장이 자작해지면, 한입 크기로 썰어 데친 오징어 300g을 넣고 조린 뒤 어슷썬 청·홍고추를 각 1개씩 넣어요.

갈치
무조림
②

무를 깔고 토막 낸 갈치를
얹어 양념장을 넣고 조린
으뜸 생선조림

갈치는 생김새가 칼과 같다고 하여 도어刀魚 또는 칼치라고도 하는데, 단백질이 풍부하고 맛이 좋아 구이, 조림, 찌개 등 다양한 요리에 쓰이지요. 생선조림을 할 때는 생선의 내장을 빼내고 핏물을 깨끗이 씻어야 비린내가 나지 않고 맛이 깔끔하답니다.

재료

갈치 1마리
무 ⅓개
청·홍고추 각 1개

양념장

간장 1½큰술
설탕 1작은술
맛술 1큰술
고추장 1작은술
고춧가루 1½큰술
다진 파 1큰술
다진 마늘 ½큰술
다진 생강 ½작은술
후춧가루 ⅛작은술

다시마 국물(1½컵)

다시마 3장(가로·세로 5cm)
따뜻한 물 3컵

만드는 법

1. 갈치는 칼등으로 비늘을 긁고 머리와 지느러미를 잘라 내장을 빼낸 뒤, 6cm 길이로 잘라 깨끗이 씻어 물기를 닦아요. 싱싱한 갈치의 은빛 비늘은 긁지 않아도 돼요.
2. 무는 손질하여 가로 4cm, 세로 3cm로 도톰하게 나박썰고, 청·홍고추는 어슷썰어요. 다시마는 따뜻한 물에 20분 정도 담가 우리고, 양념장도 만들어요.
3. 냄비에 무를 깔고 양념장을 ½ 끼얹은 뒤, 갈치를 올려 나머지 양념장 ½을 고루 끼얹고 둘레에 다시마 국물 1½컵을 부어요.
4. 센 불에 올려 끓으면 뚜껑을 열고 5분 정도 끓이다 중불로 낮추어 뚜껑을 덮고 가끔 양념장을 끼얹어가며 10분 정도 조려요.
5. 청·홍고추를 넣고 한소끔 더 조려요.

Tip 맛있는 요리 꿀팁

° 신선한 갈치일 경우 깨끗이 씻어 그대로 사용해도 돼요.

° 매운맛을 위해 고추장을 많이 넣으면 텁텁해질 수 있어요. 이때 고추장 대신 고춧가루를 더 넣으면 매운맛과 깔끔한 맛을 낼 수 있어요.

° 매콤 볶음장 2큰술과 간장 1큰술로 양념장을 간단하게 만들 수도 있어요. 갈치 대신 코다리를 똑같은 방법으로 조려도 맛있어요.
(p34 매콤 볶음장 참고)

고등어 김치조림 ③

**배추김치와 무를 깔고 고등어를 얹어
양념장을 넣고 졸이면 밥 한 공기는 뚝딱**

고등어는 '바다의 보리'라 불릴 정도로 영양가가 풍부한 고열량 식품으로 가을이 되면 살이 올라 맛도 좋고 영양가도 높아지지요. 또한 불포화 지방산인 DHA가 들어 있어 뇌의 발달과 활동을 촉진시켜 기억 능력과 학습 능력을 향상시키기 때문에 성장기 어린이나 수험생에게 더없이 좋은 음식이랍니다.

재료

고등어 1마리
배추김치 ½포기(500g)
무 ⅛개(200g)
양파 ½개
대파 ½대
청·홍고추 각 ½개

고등어 밑간

된장 1작은술
생강즙 1작은술
청주 1큰술
후춧가루 ¼작은술

고등어 양념장

진간장 2큰술
맛술 2큰술
고춧가루 1큰술
설탕 ½큰술
참치액젓 1큰술
다진 마늘 1큰술

다시마 국물(2컵) 또는 쌀뜨물

다시마 3장(가로·세로 5cm)
따뜻한 물 3컵

만드는 법

1. 고등어는 조림용으로 잘라 내장을 빼내고 깨끗이 씻어 밑간을 해요. 무는 손질하여 가로 4cm, 세로 3cm, 두께 0.5cm로 도톰하게 나박썰고, 양파는 굵게 채썰고, 청·홍고추와 대파는 어슷썰어요. 다시마는 따뜻한 물에 20분 정도 담가 우리고, 양념장도 만들어요.
2. 냄비 바닥에 무를 깐 뒤 배추김치는 속을 털어내 무 위에 얹고, 그 위에 밑간한 고등어를 올려요.
3. 썰어놓은 양파, 청·홍고추, 대파를 넣고 고등어 양념장을 고르게 끼얹어요.
4. 냄비의 둘레에 다시마 국물을 붓고 냄비 뚜껑을 열어 센 불에 올려 끓으면 5분 정도 더 끓인 다음 중불로 낮춰 뚜껑을 덮고 가끔 양념장을 끼얹으면서 30분 정도 조려요.
5. 청·홍고추를 넣고 한소끔 더 조려요.

> **Tip** 맛있는 요리 꿀팁

- 덜 익은 김치는 맛이 없으니 될 수록 잘 익은 김치나 묵은지를 사용해요. 덜 익은 김치를 사용할 때는 식초를 조금 넣어 익은 김치 맛을 내주면 돼요.
- 고등어는 눈이 맑고 앞으로 튀어나와 있으며, 아가미를 들춰봤을 때 선명한 선홍색을 띠고, 껍질은 청록색 문양이 선명한 것이 신선해요.
- 고등어는 붉은 살 생선이므로 지방이 많고 육질이 연하여 부패하기 쉬우므로 여름에는 사용하지 않는 것이 좋아요. 그 대신 여름에는 갈치나 병어 등 흰 살 생선을 사용하면 돼요.

감자조림
④

자꾸 젓가락이 가게 하는
달콤하면서도 짭조름한
감자조림

감자는 알칼리성 식품으로 주성분이 녹말이에요. 필수 아미노산이 골고루 들어 있고, 특히 비타민 C가 다량 함유되어 있어 '밭의 사과'라고도 불리지요. 산성의 육류나 생선 등을 섭취할 때 같이 먹으면 좋고, 하지 무렵에 수확한 감자가 가장 맛이 좋답니다.

재료

감자 2개 (400g)
양파 ½개
꽈리고추 2개
식용유 1작은술
참기름 1작은술
통깨 ½작은술

감자 양념장

간장 2큰술
설탕 1작은술
물엿 1큰술
다진 파 1작은술
다진 마늘 ½작은술
물 ½컵

만드는 법

1. 감자는 손질하여 깨끗이 씻고 가로·세로·두께 2cm로 깍둑 썰고, 모서리를 둥글게 돌려 깎아 찬물에 20분 정도 담가 전분를 빼요. 양파는 감자와 같은 크기로 썰고, 꽈리고추는 대꼬치로 구멍을 뚫어요.
2. 냄비에 식용유를 두르고 감자를 넣어 중불에서 표면이 투명해질 때까지 볶아요.
3. 감자 양념장을 넣고 뚜껑을 덮어 센 불에 올려 끓으면 중불로 낮춘 뒤 양파를 넣고 국물이 거의 없어지면 꽈리고추, 참기름, 통깨를 넣은 다음 뚜껑을 연 채 한소끔 조려요.

Tip 맛있는 요리 꿀팁

- 고추장을 넣고 매콤하게 조려도 맛있어요.
- 감자조림에 고구마를 같이 넣어 조려도 좋고, 소고기를 넣어도 별미예요.
- 감자를 보관할 때는 흙이 묻어 있는 상태로 종이에 싸서 냉장고 채소 칸에 두거나, 바람이 잘 통하고 6~10℃의 서늘한 장소에 사과 1개와 같이 넣어두면 좋아요. 사과에 함유된 에틸렌가스가 감자의 색이 변하거나 싹 나는 것을 방지하지요.

° **멸치감자조림** 감자 2개는 껍질을 벗겨 씻은 뒤 반달 모양으로 두툼하게 썰어 찬물에 담가 전분을 빼주고, 멸치 20g은 머리와 내장을 제거한 뒤 팬에 살짝 볶아 비린내를 날려요. 냄비에 식용유를 두르고 중불에서 감자를 볶다가 양념장(다시마 국물 1컵, 간장 2½큰술, 설탕 2½큰술, 청주 1큰술, 다진 마늘 ½큰술, 다진 파 1큰술, 후춧가루 ⅛작은술)을 넣고 볶은 뒤 멸치를 넣어요. 국물이 남아 있을 때는 청·홍고추를 넣고 잠시 더 조리다 참기름과 통깨를 넣고 잘 섞어요.

두부조림 ⑤

'밭에서 나는 고기'라 불릴 정도로
단백질 함량이 높은 두부

고소한 두부를 기름에 지진 뒤 양념장을 넣어 조린 두부조림을 먹으면 속이 든든해지지요. 더구나 지방과 칼로리는 낮고, 특히 두부를 만드는 콩의 사포닌은 체내에서 지방의 합성과 흡수를 억제하고 지방 분해를 촉진하기 때문에 다이어트에도 좋은 식품이지요.

재료

두부 300g
소금 ¼작은술
식용유 ½큰술

다시마 국물(½컵)

다시마 2장(가로·세로 5cm)
따뜻한 물 1컵

양념장

간장 1⅓큰술
설탕 1작은술
다진 파 1작은술
다진 마늘 ½작은술
후춧가루 ⅛작은술
통깨 ½작은술
참기름 1작은술

만드는 법

1. 두부는 가로 4cm, 세로 3cm, 두께 1cm로 자른 뒤 소금을 뿌려 10분 정도 두었다가 물기를 닦아요.
2. 다시마는 따뜻한 물에 넣고 20분 정도 우려요.
3. 팬에 기름을 두르고 중불에서 두부 앞뒷면을 노릇하게 지져요.
4. 냄비에 지진 두부와 양념장을 켜켜이 넣은 뒤 둘레에 다시마 국물을 붓고 센 불에 올려 끓으면 중불로 낮추어 5분 정도 조려요.

Tip 맛있는 요리 꿀팁

- 양념장에 고춧가루를 추가로 넣어 조림을 해도 맛있어요.
- 다시마 국물 대신에 멸치 육수나 황태 육수를 써도 좋아요.

° **매콤두부조림** 두부 300g은 알맞게 등분하여 물기를 빼고, 양파는 채썰고, 청·홍고추와 대파는 어슷썰어요. 팬에 기름을 두르고 두부 앞뒷면을 노릇하게 지진 뒤 불을 낮추어 양념장(조림맛간장 2큰술, 고춧가루 1큰술, 다시마 국물 1컵)과 양파, 청·홍고추, 대파를 넣고 국물이 바닥에 자작해지면 참기름을 넣어요.

제육볶음 ⑥

**별다른 밑반찬이나 찌개가 없어도
식탁을 풍성하게 만들어주는 요리**

미리 양념장을 준비해놓으면, 맛있는 제육볶음을 쉽고 빠르게 만들 수 있어요. 상추나 파, 마늘을 곁들여 먹으면 돼지고기의 콜레스테롤이 체내에 흡수되는 것을 억제시키고, 비타민 C와 베타카로틴 등의 섭취량을 높일 수 있어 좋아요.

재료
돼지고기(목살) 300g
식용유 1큰술
양파 ⅔개
대파 ½대
청·홍고추 각 1개
통깨 1작은술

양념장
고추장 1큰술
간장 1큰술
설탕 1큰술
고춧가루 1큰술
청주 1큰술
다진 마늘 1큰술
다진 생강 ½작은술
참기름 1작은술
후춧가루 ⅛작은술

곁들이
대파채 30g

만드는 법
1. 돼지고기는 핏물을 닦은 뒤 먹기 좋은 크기로 얇게 썰고, 양파는 손질하여 채썰어요. 청·홍고추와 대파는 어슷썰고, 양념장을 만들어요.
2. 돼지고기에 양념장을 넣고 간이 배도록 잘 주물러 30분 정도 재워요.
3. 팬을 달구어 식용유를 두른 뒤 양념한 돼지고기를 넣고 센 불에서 충분히 볶다가 양파와 어슷썬 대파를 넣고 중불로 낮추어 고기가 완전히 익도록 볶아요. 청·홍고추를 넣고 좀 더 볶은 뒤 통깨를 뿌려요.
4. 대파를 채썰어 물에 담갔다가 매운맛을 뺀 뒤 물기를 빼고 제육볶음과 같이 곁들여 내요.

Tip 맛있는 요리 꿀팁

° 양파와 청·홍고추 외에 깻잎이나 다른 채소를 넣고 볶아도 좋고, 생으로 제육볶음과 곁들여 내도 좋아요.
° 돼지고기를 미리 재우지 않고 식용유에 볶다가 고기가 익으면 양념장을 넣고 볶아도 돼요.
° 돼지고기 300g에 매콤 볶음양념장 3큰술, 간장 1작은술, 참기름 1작은술, 통깨 1작은술을 넣고 간편하게 조리할 수도 있어요. (p34 매콤 볶음장 참고)

° **제육편육** 냄비에 물을 붓고 된장을 풀어 센 불에 올려 끓으면 돼지고기 400g을 덩어리로 넣고, 10분 정도 끓여요. 국물에 다음 향채(파 30g, 마늘 30g, 생강 20g)를 넣고 30분 정도 더 끓여요. 편육이 익으면 건져서 한 김 식힌 뒤 0.5cm 두께로 썰어 접시에 담고 새우젓 양념과 함께 내요.

궁중떡볶이 ⑦

매운 걸 못 먹는 아이들도 맛있게
먹을 수 있는 간장 떡볶이

재료들이 잘 섞여야 맛이 나는 조림과 볶음　　최상의 맛을 위한 정반대의 조리법

옛 궁중에서 즐겨 먹던 음식으로, 정월에 떡과 각종 채소들을 섞어 잡채처럼 만들어 먹은 터라 떡잡채라 부르기도 했어요. 요즘에는 고추장을 사용하지 않고 만들었다 하여 '간장떡볶이'라고도 하지요. 5대 영양소가 골고루 들어 있어 건강에도 좋은 별식이며, 손님 초대상에도 잘 어울린답니다.

재료

흰 가래떡 300g
참기름 1큰술
소고기(우둔) 100g
표고버섯(불린 것) 3장
당근 ⅓개
양파 ⅓개
청·홍고추 각 1개
숙주 60g
달걀 1개
식용유 1큰술

고기·표고버섯 양념장

간장 ½큰술
설탕 ½큰술
다진 파 1작은술
다진 마늘 ½작은술
참기름 1작은술
후춧가루 ⅛작은술

떡볶이 양념장

간장 1큰술
설탕 ½큰술
꿀 1작은술
다진 파 1작은술
다진 마늘 ½작은술
참기름 1작은술
물 ¼컵

만드는 법

1. 흰 가래떡은 5cm 길이로 썰고 다시 4등분하여 참기름으로 버무려요. 소고기는 핏물을 닦아 6cm 길이로 채썰고, 불린 표고버섯은 5cm 길이로 채썰어 양념장에 무쳐요. 당근과 양파, 청·홍고추는 5cm 길이로 채썰고, 숙주는 머리와 꼬리를 떼고 소금을 조금 넣은 끓는 물에 살짝 데친 뒤 식혀요.
2. 달걀은 황백지단을 부쳐 길이 5cm, 폭 0.7cm로 썰어요. 버섯류나 애호박, 단호박, 피망, 파프리카 등을 넣어도 맛있어요.
3. 팬을 달구어 식용유를 두르고 중불에서 양파, 당근, 청·홍고추를 각각 볶아요.
4. 팬에 양념장으로 무쳐놓은 소고기와 표고버섯을 각각 볶아요.
5. 팬에 떡과 떡볶이 양념장을 넣고 중불에서 볶다가 준비한 소고기, 표고버섯, 당근, 양파, 청·홍고추, 숙주를 넣고 더 볶은 뒤 불을 끄고 황백지단을 넣어 고루 섞어요.

Tip 맛있는 요리 꿀팁

° **떡산적** 흰 가래떡 250g을 6cm 길이로 자른 뒤 다시 길게 4등분하여 유장(간장 ⅓작은술, 참기름 1작은술)으로 양념하고, 소고기 130g은 핏물을 닦고 길이 7cm, 폭 1.2cm, 두께 0.5cm로 썰어 잔 칼집을 넣은 뒤 양념장(간장 1작은술, 설탕 ½작은술, 다진 파 ½작은술, 다진 마늘 ¼작은술, 깨소금 ½작은술, 참기름 ½작은술, 후춧가루 ⅛작은술)을 넣고 버무려요. 꼬치에 흰떡과 소고기를 번갈아 꿰되 양쪽 끝에는 흰떡이 오도록 해요. 팬을 달구어 식용유를 두른 뒤 떡산적을 놓고 중불에서 앞뒷면을 지져요. 그릇에 담아 잣가루를 뿌리고, 초간장과 함께 내요.

간편잡채
⑧

삶은 당면에 여러 가지 채소를
볶아 넣고 함께 무쳐 만든 음식

보통 소고기와 표고버섯·목이버섯, 달걀 등도 넣어 만들지만, 간편잡채는 재료의 가짓수를 줄여 조리 시간이나 조리법을 간편화한 음식이에요. 채소의 종류를 줄인 대신 부추와 우엉을 넣어 식감과 감칠맛을 더하지요.

재료

당면 100g(물 4컵)
당근 ⅓개
양파 ⅔개
부추 20g
우엉 80g
소금 ½작은술
식용유 1큰술

당면 양념

흑설탕 1큰술
황설탕 1큰술
간장 2큰술
식용유 2큰술

우엉 양념장

간장 1큰술
설탕 ½큰술
물 1컵

만드는 법

1. 당면은 끓는 물에 5분간 삶아 건진 뒤 물기를 빼고 식용유를 조금 넣고 섞어요. 당근과 양파는 5cm 길이로 채썰어 각각 소금을 넣어 볶아 식히고, 부추는 5cm 길이로 잘라요.
2. 우엉은 5cm 길이로 채썰어 중불에서 볶다가 우엉 양념장을 넣고 볶아요.
3. 팬을 달구어 당면 양념 재료를 넣어 한소끔 끓어오르면 당면을 넣고 수분이 없어질 때까지 볶아 식혀요.
4. 볶은 당면에 볶아둔 채소들과 부추를 넣고 잘 버무려 섞어요.

Tip 맛있는 요리 꿀팁

° 당면은 삶은 뒤 찬물에 헹구지 말고 식용유를 조금 넣고 버무려 두면 달라붙지 않아요.

° 당면을 불리지 않고 삶아서 잡채를 만들면 나중에 다시 데웠을 때 붇지 않아서 좋아요.

° 간편잡채를 두었다가 먹을 경우 1인분씩 나누어 유산지에 싼 뒤 냉장 보관했다가 먹기 전 찜통이나 전자레인지에 데워 먹어요.

° **우엉잡채** 우엉 300g을 깨끗이 씻어 껍질을 벗기고 5cm 길이로 채썰어 식초 물에 10분 정도 담갔다가 물에 헹구어 물기를 뺀 다음 끓는 물에 데쳐요. 소고기는 6cm 길이로 채썰어 양념(간장 ½작은술, 설탕 ½작은술, 다진 파 ⅓작은술, 다진 마늘 ¼작은술, 참기름 ¼작은술)하고, 달궈진 팬에 식용유를 두르고 볶다가 데친 우엉을 넣고 양념(간장 1큰술, 설탕 1작은술, 통깨 ½큰술, 참기름 ½큰술)을 넣은 다음 청·홍고추와 통깨, 참기름을 넣고 1분 정도 더 볶아요.

오징어 볶음 ⑨

**단백질도 풍부하고 소화가 잘되어
식탁에 자주 오르는 오징어 요리**

오징어의 껍질을 벗겨 몸통 안쪽에 잔 칼집을 내고 각종 채소를 넣어 매운 양념장으로 볶은 음식이에요. 오징어는 단백질이 풍부하고 소화가 잘되는 식품으로 구이, 회, 전, 국, 찌개 등 다양하게 조리하여 먹지요.

재료

오징어 1마리
양파 ⅔개
당근 ¼개
양배추 70g
식용유 1큰술
대파 ⅓대
청고추 1개
홍고추 1개

양념장

간장 1큰술
고추장 1큰술
고춧가루 1큰술
설탕 1큰술
다진 파 1큰술
다진 마늘 ½큰술
다진 생강 ½작은술
참기름 1큰술
통깨 1작은술
후춧가루 ⅛작은술

만드는 법

1. 오징어는 배를 가른 뒤 먹물이 터지지 않도록 내장을 떼어내고, 몸통과 다리의 껍질을 벗겨 깨끗이 씻어요. 몸통 안쪽에 0.3cm 간격으로 사선의 칼집을 넣어 길이 5cm, 폭 2~3cm 정도로 썰고, 양파와 당근, 양배추는 손질하여 폭 1.5cm, 길이 4~5cm 정도로 굵게 채썰고, 대파와 청·홍고추는 씻어서 어슷썰어요.
2. 팬을 달구어 식용유를 두른 뒤 양파와 당근, 양배추를 넣고 센 불에서 충분히 볶아요.
3. 볶은 채소에 양념장을 넣고 볶다가 오징어를 넣고 칼집이 벌어질 때까지 볶아요.
4. 대파와 청·홍고추를 넣고 더 볶아요.

Tip 맛있는 요리 꿀팁

° 오징어 몸통 안쪽에 사선으로 칼집을 넣어 가로로 썰어야 말리지 않고 곧은 모양이 돼요.

° 오징어는 껍질째 요리하면 약간 질겨지고 양념이 잘 배지 않아요. 껍질을 벗길 때는 소금을 묻혀가면서 벗기거나 키친타월로 오징어 껍질을 잡아당기면서 벗겨요.

° 오징어를 볶기 전에 달궈진 팬에 기름을 두르고 센 불에서 채소들을 먼저 충분히 익힌 다음 양념장을 넣고 볶다가 오징어를 넣고 볶으면 수분이 안 생겨요.

° **오징어전** 오징어 1마리를 손질하여 머리와 다리를 잘라내고 오징어 안쪽에 칼집을 넣어 끓는 물에 살짝 데쳐요. 데친 오징어 속에 다진 소고기 50g, 으깬 두부 25g, 진간장 ¼큰술, 설탕 ½작은술, 소금 ¼작은술, 마늘, 파, 참기름, 후추로 양념하여 넣고 말아서 0.5cm 정도로 썰어 밀가루와 달걀물을 입혀 지져요.

닭갈비 볶음
⑩

**온 가족의 입맛을 사로잡는
매콤하면서도 달콤한 맛**

닭고기는 다른 육류에 비해 칼로리가 낮고 필수 지방산이 풍부하여 두뇌 발달에도 좋은 식품이랍니다. 또한 '사위가 오면 씨암탉을 잡는다'는 말이 있듯이, 닭 요리는 귀한 손님을 위한 대표적인 접대용 음식이자 한여름 더위를 물리치는 보양식으로 오랫동안 사랑받아 온 음식이지요.

재료

닭(넓적다리살) 300g
떡볶이떡 100g
양배추 100g
고구마 ⅔개
깻잎 40g
양파 ½개
대파 ¼대
청·홍고추 각 1개
식용유 1큰술

양념장

고추장 ½큰술
고춧가루 1큰술
간장 2작은술
소금 ½작은술
설탕 1큰술
청주 2큰술
양파즙 2큰술
꿀 1큰술
다진 마늘 2작은술
다진 생강 ½작은술
깨소금 ½작은술
후춧가루 ¼작은술
참기름 1큰술

만드는 법

1. 닭은 껍질 쪽에 칼집을 넣고 가로 3cm, 세로 4cm 정도로 잘라 양념장을 ⅔가량 넣고 1시간 정도 재워요.
2. 양배추는 씻어 가로 5cm, 세로 2cm 정도로 썰고, 고구마 껍질을 벗겨 가로 5cm, 세로 1.5cm, 두께 0.5cm 정도로 썰고, 깻잎은 길게 ½등분해요. 양파는 굵게 채썰고, 대파와 청·홍고추는 어슷썰어요.
3. 팬을 달군 뒤 식용유를 두르고 닭고기와 고구마를 넣고 중불에서 볶아 익으면, 떡볶이떡과 양배추, 양파, 청·홍고추와 나머지 양념장을 넣고 4분 정도 볶아요.
4. 대파와 깻잎을 넣고 잠시 더 볶아요.

> **Tip 맛있는 요리 꿀팁**
>
> ° 닭의 누린내를 없애려면 뼈 있는 닭은 청주와 후춧가루를 뿌려 조리하고, 뼈 없는 가슴살이나 안심은 우유에 20분 정도 담갔다 사용하면 육질도 부드러워지고 안 좋은 냄새도 제거돼요.
>
> ° 남은 닭갈비에 밥, 김치, 깻잎, 김 가루, 참기름을 넣고 볶아 먹으면 별미에요.

° **간장닭불고기** 닭(넓적다리살) 400g에 잔 칼집을 낸 뒤 팬에 식용유를 조금 두르고 지져 기름기를 제거해요. 팬에 양념장(맛간장 3큰술, 설탕 1큰술, 물엿 1큰술, 다진 마늘 1큰술, 맛술 2큰술, 후춧가루 ¼작은술)을 넣고 구운 닭을 넣어 윤기 나게 볶은 다음, 청양고추와 홍고추 썬 것을 넣고 참기름과 통깨를 뿌려요.

최고의 요리 비법

*맛있는 조림·볶음 만들기

Q 조림이나 볶음을 윤기 나고 먹음직스럽게 만드는 비결이 있나요?

A 처음에는 센 불에 올려 끓기 시작하면 중불로 조리다 양념이 조금 남았을 때 뚜껑을 열고 양념을 끼얹어가며 조리면 돼요.

Q 조림을 할 때 물의 양은 어느 정도로 해야 좋을까요?

A 조림은 재료의 특징을 살려 양념의 비율을 맞추는 것이 중요한데, 일반적으로 단단하지 않은 무른 채소에는 물을 양념장의 2배 정도 넣어주고, 단단하고 딱딱한 재료에는 양념장의 4배나 그 이상의 물을 넣어 조리하면 촉촉하고 부드러운 조림을 만들 수 있어요. 단단한 채소는 미리 삶은 다음 조리하면 간도 잘 배고 조리는 시간도 줄일 수 있답니다.

Q 생선조림을 하다 보면 간도 배지 않은 채 양념이 졸아 생선이 바닥에 들러붙는 경우가 많은데, 생선의 형태를 그대로 유지하면서 잘 졸이는 비법이 있을까요?

A 바닥이 넓고 평평한 냄비를 사용하여 될수록 재료가 겹치지 않게 해야 간이 골고루 배요. 팬을 사용할 때는 바닥이 두꺼운 것이 좋습니다. 또한 무나 감자, 양파, 김치 등을 바닥에 깔고 생선을 올리면 타지도 않고 잘 익어요.

Q 생선조림을 할 때 생선의 비린내는 어떻게 잡나요?

A 신선한 생물 생선의 경우 내장을 제거하고 깨끗이 씻은 뒤 키친타월로 물기를 완전히 없애야 비린내가 나지 않아요. 조리할 때는 처음부터 뚜껑을 열고 끓이거나, 처음 5분 정도는 뚜껑을 열고 끓이면서 냄새를 날린 뒤 뚜껑을 닫고 조리면 비린내가 줄어들어요. 또한 양념장에 청주 1큰술을 넣어도 비린내가 줄어들지요.

최고의 요리 비법

*맛있는 조림·볶음 만들기

Q 생선 조림을 할 때 흰 살 생선과 붉은 살 생선의 양념장이 다른가요?

A 흰 살 생선은 주로 간장을 사용하여 담백하게 조림을 하고 붉은 살 생선이나 비린내가 나는 생선은 고추장이나 고춧가루를 사용하여 조림 요리를 하는 것이 좋아요.

Q 갈치의 비늘은 꼭 긁어내야 하나요?

A 갈치의 비늘에는 소화가 잘되지 않게 하는 '구아닌'이라는 성분이 있고, 조림의 국물이 지저분해질 수 있으므로 긁어내는 것이 좋아요. 하지만 아주 신선한 갈치일 경우에는 깨끗이 씻어 그대로 사용해도 돼요.

Q 볶음 요리를 할 때 수분이 많이 나와 축축해지는 경우가 있는데, 어떻게 하면 바삭하게 볶을 수 있을까요?

A 센 불에서 재빨리 볶아야 재료에서 수분이 빠져나오는 걸 방지할 수 있어요. 또 양념장을 처음부터 넣지 말고 재료를 충분히 볶은 다음에 넣으면 식재료가 아삭하면서 물이 생기지 않아요.

Q 감자볶음을 만들 때 팬 바닥에 들러붙지 않게 하는 방법이 있을까요?

A 감자는 전분이 많아 썰어서 그냥 사용하면 팬 바닥에 들러붙어요. 따라서 감자를 썬 뒤에는 물에 잠시 담가 전분을 빼주는 게 좋아요.

Q 채소를 볶을 때 질겨지거나 풋내가 나지 않게 하려면 어떻게 해야 할까요?

A 생채소는 다 익을 때까지 볶으면 남은 잔열로 인해 색이 변하거나 너무 익어 늘어지고 질겨져요. 따라서 센 불에서 숨이 죽을 정도만 재빨리 볶은 뒤 불을 끄고 잔열로 익게 두어야 아삭한 식감을 살릴 수 있어요. 꽈리고추처럼 푸른 채소의 경우는 재빨리 볶은 뒤 넓은 쟁반에 펼쳐 식히면 푸른색이 선명해진답니다.

7 영양을 책임지는 구이와 전

한국인뿐 아니라 외국인도 좋아하는 전과 구이

한국인뿐 아니라 외국인도 좋아하는 전과 구이

　서양 음식에서 대표적인 구이 요리로는 스테이크와 바비큐가 꼽히는데, 한식의 구이 요리는 재료와 조리법이 그야말로 천차만별이라 할 만큼 다양한 것이 특징입니다. 대표적으로는 육류·어패류·채소류 등을 재료 그대로 굽거나 양념을 한 뒤 굽지요. 불고기와 갈비구이는 외국인들도 좋아하는 대표적인 구이 음식이에요.

　2014년 7월, 여름의 무더위가 절정에 이르렀을 때쯤 삼십 대 중반의 미국 청년이 한국전통음식연구소를 방문한 일이 있었어요. 그는 당시 백악관에서 오바마 대통령의 식사를 책임지고 있던 샘 카스 셰프였는데, 대통령으로부터 한국에 가서 한식을 배워 오라는 지시를 받았다고 해요. 말하자면 오바마 대통령은 한국에 대한 우호적 태도를 그렇게 표현한 것이지요.

　샘 카스와 함께 만들어보기로 한 음식은 불고기와 삼계탕이었어요. 샘 카스는 호기심 가득한 눈을 빛내며 진지하게 장 맛을 음미하며 고개를 끄덕였어요. 역시 백악관의 수석요리사다웠어요. 불고기의 양념 재는 법을 알려주면서 우리 음식의 역사와 문화에 대해 들려주자 감탄사를 내뱉기도 했지요. 불고기와 삼계탕을 시식하면서 샘 카스는 엄지손가락을 치켜세우고 "Wonderful!", "What a delicious cook!"을 연발했고, 저는 무척 뿌듯하고 자랑스러웠어요.

　한국인뿐 아니라 외국인도 좋아하는 우리 고유의 음식 중 하나로 전 요리가 있지요. 육류·어패류·채소류 등의 재료를 다지거나 얇게 저며 밀가루와 달걀로 옷을 입혀 기름에 지진 음식으로, 튀김에 비해 기름을 적게

한식의 구이 요리는 재료와 조리법이
그야말로 천차만별이라 할 만큼 다양해요.
대표적으로 육류·어패류·채소류 등을
재료 그대로 굽거나 양념을 한 뒤 굽지요.

우리의 전은 재료에 따라
그 종류가 다양하고,
일상식이라기보다는
가족의 행사 때나 명절
혹은 잔치 때 먹는
특식이라 할 수 있어요.

> 전 요리를 떠올리면 어쩐지 시끌벅적하면서도 싱싱하고 힘찬 기운 같은 게 느껴져요.

사용하기 때문에 칼로리 섭취가 적어요. 비슷한 서양 요리로 팬케이크나 프리터를 들 수 있는데, 재료가 한정되어 있고 특히 프리터는 튀김에 가깝습니다. 우리의 전은 재료에 따라 그 종류가 아주 다양하고, 일상식이라기보다는 가족의 행사 때나 명절·잔치 때 먹는 특식이라 할 수 있어요.

어린 시절 제가 가장 좋아했던 전은 두부전과 콩부침개였지요. 콩부침개는 흰콩을 갈아서 지진 음식이에요. 제가 워낙 좋아하는 것이라 어머니가 종종 만들어주셨지요. 흰콩을 불려 맷돌에 갈고, 살짝 신 김치와 돼지고기를 양념해 넣고, 가마솥 뚜껑을 뒤집어 뜨겁게 달구어 돼지비계로 쓱쓱 문지른 뒤 전을 부치셨어요. 전이 익는 소리와 구수한 콩 냄새는 먹기 전부터 입에 침을 돌게 했지요.

오일장이 서면 어머니와 장에 가곤 했는데, 좌판에서 전을 부치는 장수들이 참 많았어요. 그 앞엔 언제나 사람들이 북적거렸고, 저희도 예외는 아니었지요. 막 부쳐낸 터라 모든 전들이 참으로 다 맛있었지만, 특히 배추전이 입에 착 달라붙었던 기억이 납니다. 어머니가 배추전을 손으로 죽 찢어 돌돌 말아 제 입에 쏙 넣어주시면, 오후의 출출함이 금세 채워지곤 했어요.

지지는 소리 때문인지, 먹을 때의 분위기 때문인지, 전 요리를 떠올리면 어쩐지 시끌벅적하면서도 싱싱하고 힘찬 기운 같은 것이 함께 느껴집니다. 음식의 맛이라는 건 그렇게 사람들과 장소의 기억을 포함하기도 하지요. 그래서 어린 시절 가족들과 함께 먹었던 음식의 맛은 평생 잊히지 않나 봅니다.

바싹 불고기 ①

아이들도 좋아하고
손님상에 올려도 좋은 불고기

소고기를 얇게 썰어 갖은 양념을 하여 재워두었다가 달군 팬에 설탕을 녹인 뒤 고기를 넣고 수분 없이 바싹하게 구워 채소와 곁들여 먹는 음식이에요. 설탕의 카라멜라이징 과정에서 불고기의 맛은 물론 색과 향도 먹음직스러워진답니다. 고단백질과 필수 영양소를 함유한 소고기를 구워 만든 바싹 불고기는 누구나 맛있게 즐길 수 있는 균형 잡힌 건강식이랍니다.

재료

소고기 300g
양파 ½개
참나물 50g
식용유 1큰술
설탕 2큰술
통깨 1작은술

양념장

진간장 1큰술
설탕 1작은술
꿀 1큰술
다진 파 1큰술
다진 마늘 ½큰술
참기름 1큰술
청주 1작은술
후춧가루 ¼작은술

만드는 법

1. 소고기는 키친타월로 핏물을 닦은 뒤 양념에 버무려 10분 정도 재워두고, 참나물은 씻어서 줄기를 제거하고, 양파는 채썰어요.
2. 팬에 식용유를 두르고 양파를 볶아 거의 익으면 참나물을 넣어 살짝 볶아요.
3. 팬에 식용유를 두르고 설탕을 넣어 설탕이 모두 녹아 갈색을 띠면 재운 소고기를 넣고 수분 없이 센 불에서 바싹하게 구워요.
4. 접시에 구운 소고기와 볶은 양파, 참나물을 담고 통깨를 뿌려요.

Tip 맛있는 요리 꿀팁

- 토치를 이용하면 바싹하면서도 불맛이 나는 불고기를 맛볼 수 있어요.
- 소고기를 해동할 때는 보관통에 넣어 공기를 차단하고 냉장실에서 서서히 녹여요.
- 재료를 볶을 때는 물이 생기지 않도록 센 불에서 빠르게 볶아요.
- 짭조름하고 달착지근해서 밥에 얹어 덮밥으로 먹어도 좋고, 샌드위치나 햄버거에 넣어 먹어도 맛있어요.

° **매실불고기샐러드** 소고기(등심) 200g에 불고기 양념을 하여 중불에 구워 식히고, 매실소스(매실청 4큰술, 간장 2큰술, 설탕 2작은술, 깨소금 2작은술, 식초 3큰술, 참기름 1큰술)를 만들어요. 오이는 소금으로 비벼 씻고 길이로 2등분 하여 어슷썰고, 양상추는 5cm 길이로 뜯어 찬물에 담갔다 건져 물기를 빼요. 수삼은 손질하여 씻은 뒤 뇌두를 자르고 5cm 길이로 채썰고, 홍피망과 양파도 씻어서 오이와 같은 크기로 채썰어요. 접시에 모든 야채를 담고 그 위에 불고기를 얹은 후 매실소스를 끼얹어 주세요.

너비아니 ②

고소한 맛과 달달한 맛이
절묘하게 어우러진 고기 요리

소고기를 얇게 저민 뒤 간장 양념을 하여 불에 구운 음식인 '너비아니'는 조선시대에 궁중과 서울의 양반집에서 고기를 너붓너붓하게 썰었다 하여 붙여진 이름이랍니다. 잔 칼집을 많이 내어 육질이 부드럽고, 직화로 구워 그윽한 불맛을 느낄 수 있으며, 고소한 맛과 달달한 맛이 절묘하게 어우러져 많은 이들이 좋아하지요.

재료

소고기(등심) 600g
배즙 70g
잣가루 1작은술
식용유 1큰술

양념장

간장 3큰술
설탕 1½큰술
꿀 1큰술
다진 파 2큰술
다진 마늘 1큰술
생강즙 1큰술
깨소금 1큰술
후춧가루 ⅛작은술
참기름 1½큰술

만드는 법

1. 소고기는 핏물을 닦고 기름기와 힘줄을 떼어낸 뒤 고기 결의 반대 방향으로 가로 5cm, 세로 7cm, 두께 0.3~0.5cm로 썰어 잔 칼집을 낸 다음 배즙에 10분 정도 재우고, 양념장을 만들어요.
2. 소고기에 양념장을 넣고 간이 배도록 주물러 30분 정도 재워요.
3. 석쇠를 달구어 식용유를 바르고 양념한 소고기를 한 장씩 촘촘히 가지런히 얹고, 석쇠의 높이를 15cm 정도로 올려, 센 불에서 타지 않게 구워요.
4. 너비아니에 잣가루를 뿌려요.

Tip 맛있는 요리 꿀팁

° 고기를 결대로 썰면 씹을 때 질겨요.

° 석쇠에 고기를 촘촘히 얹지 않으면 너비아니 사이로 불이 올라와 고기의 가장자리가 탈 수 있어요.

° 석쇠가 없으면 팬에 기름을 살짝 바르고 구워도 돼요.

° 너비아니를 그릇에 담을 때 같이 먹을 채소를 곁들이면 좋아요.

소고기육전 소고기(육전용) 300g을 키친타월로 감싸 핏물을 닦고 소금 1작은술과 후춧가루 ¼작은술로 밑간을 해요. 소고기에 부침가루(밀가루)를 묻힌 뒤 한 번 털어내고 달걀물을 입혀 달군 팬에 식용유를 두르고 중불에서 지져요.

굴비구이 ③

담백하고 고소하며
단백질이 풍부한 생선

조기를 소금에 절여 말린 굴비에 참기름을 발라 구운 음식으로 전라남도 영광의 굴비가 가장 유명해요. 노란색을 띠는 생선인 조기는 부드러우면서도 담백하고 고소하며 양질의 단백질과 비타민 A와 D가 풍부하고, 지방질이 적어 소화가 잘되므로 건강에도 아주 좋은 식품입니다. 그래서 기운을 나게 돕는다는 뜻으로 조기助氣라고 해요.

재료

굴비 4마리
참기름 ½큰술
식용유 1큰술

만드는 법

1. 굴비는 비늘을 긁고 지느러미를 자른 다음 깨끗이 씻어 물기를 닦아요.
2. 굴비에 참기름을 고루 발라요.
3. 석쇠를 달구어 식용유를 바른 뒤 굴비를 얹고, 석쇠를 15cm 정도 높이로 올려 센 불에서 앞뒷면을 고르게 익혀요.
4. 굴비가 거의 익으면 중불로 낮추어 뒤집어 가며 7분 정도 더 구워요. 따뜻할 때 먹으면 맛이 있어요.

Tip 맛있는 요리 꿀팁

° 석쇠가 없을 때는 달궈진 팬이나 에어프라이어에 구워도 좋아요.

° 냄새 없이 생선을 구우려면 손질한 생선에 식초를 바르고 종이호일에 싸서 예열된 팬에 넣고 뚜껑을 덮어 구우면 돼요.

° 반건조 생선은 굽기 전에 쌀뜨물에 10분 정도 담가두면 쌀뜨물 입자가 비린내를 제거해주는데, 만약 쌀뜨물이 없다면 물에 밀가루를 조금 풀어 담가두어도 돼요.

° **굴비장아찌** 굴비 10마리를 손질한 뒤 채반에 널어 햇볕에 꾸덕꾸덕하게 말려요. 고추장 양념장(고추장 1kg, 물엿 1컵, 진간장 ⅓컵)을 만들어 굴비에 골고루 바른 다음, 항아리에 고추장 양념장과 굴비를 켜켜이 넣고 두 달 정도 숙성시켜요. 숙성된 굴비는 0.5cm 굵기로 찢은 다음 참기름과 통깨를 넣고 무쳐요.

더덕구이 ④

'산에서 나는 고기'라 불릴 정도로
영양이 풍부한 더덕

더덕을 얇게 펴서 양념장을 발라 구운 음식이에요. 껍질도 벗겨야 하고 방망이로 두드려야 하는 등 손이 많이 가는 요리이지만, 피로회복, 면역력에 좋다고 하니 가족의 건강을 위해 한번 만들어봐도 좋겠죠. 석쇠에 굽는 게 번거롭다면 양념에 재워두었다 후라이팬에 들기름을 두르고 구워도 괜찮아요. 가을 더덕이 가장 맛과 향이 좋아요.

재료

더덕 300g
소금물(물 2컵, 소금 1큰술)
식용유 1큰술

유장

간장 1큰술
참기름 1⅓큰술

양념장

고추장 2큰술
고춧가루 1작은술
설탕 1큰술
다진 파 2작은술
다진 마늘 1작은술
깨소금 ½큰술
참기름 1큰술
물 ½큰술

만드는 법

1. 더덕은 껍질을 벗기고 깨끗이 씻은 뒤 작은 것은 길게 반을 잘라 펴고, 두꺼운 것은 1cm 두께로 저며 소금물에 20분 정도 담가 씻어 쓴맛을 빼고 물기를 닦은 다음 방망이로 두드려 펴요.
2. 유장과 양념장을 만들고, 더덕에 유장을 발라 20분 정도 재워요.
3. 석쇠를 달구어 식용유를 바르고 더덕을 얹고, 석쇠를 15cm 정도 높이로 올려 중불에서 앞뒷면을 고르게 구워요.
4. 양념장을 덧발라가며 약불에서 앞뒷면을 더 구워요.

Tip 맛있는 요리 꿀팁

° 더덕은 너무 굵으면 가운데 심이 질기니 중간 크기가 좋아요.
° 더덕을 소금물에 담가 쓴맛을 뺄 때는 많이 주물러 헹궈야 해요.
° 고추장 양념장을 바른 뒤 불 조절에 주의해야 타지 않아요.

° **더덕생채** 손질한 더덕 300g을 길이로 2~3쪽으로 갈라 소금물(물 2컵, 소금 ½큰술)에 담가 쓴맛을 빼고 물기를 닦은 다음, 밀대로 밀고 가늘게 찢어 고추장 양념장(고춧가루 2½작은술, 고추장 2작은술, 설탕 1큰술, 소금 ½작은술, 다진 파 1큰술, 다진 마늘 1작은술, 깨소금 1작은술, 식초 1큰술)을 넣고 새콤달콤하게 무쳐요. 만능 무침장 3큰술을 넣어 무치고 기호에 따라 식초를 첨가하여 만들어도 좋아요. (p34 만능 무침 양념장 참고)

파산적 ⑤

실파와 소고기의 환상적인 만남

실파는 쪽파와 모양이 비슷한데, 쪽파는 뿌리 쪽이 둥글지만 실파는 뿌리와 줄기가 일자 모양이며, 향과 질감이 부드러워 생식을 하거나 양념 등으로 널리 이용되지요. 또한 몸을 따뜻하게 하고 폐 기능을 활성화하며 위액 분비를 촉진시키고 소화 기능을 강화시키는 식품으로, 소고기와 잘 어울리는 한 쌍이랍니다.

재료

소고기(우둔) 130g
실파 100g
소금 ⅛작은술
참기름 1작은술
꼬치 8개
식용유 1큰술

소고기 양념장

간장 1작은술
설탕 ½작은술
다진 파 ½작은술
다진 마늘 ¼작은술
깨소금 1g
후춧가루 ⅛작은술
참기름 ½작은술

초간장

간장 1큰술
식초 1큰술
물 1큰술
잣가루 1작은술

만드는 법

1. 실파는 손질하여 씻은 뒤 7cm 길이로 잘라 소금과 참기름으로 양념하고, 소고기는 핏물을 닦아 길이 8cm, 폭 1cm, 두께 0.5cm 정도로 썰어 잔 칼집을 넣어요.
2. 잔 칼집을 넣은 소고기에 양념장을 넣고 잘 섞어 양념을 한 후 초간장을 만들어요.
3. 실파와 소고기는 꼬치에 번갈아 꿰되 양쪽 끝에는 실파가 오게 해요.
4. 달군 팬에 식용유를 두르고 파산적을 놓은 다음 젓가락으로 실파를 들어 중불에서 고기를 먼저 익힌 뒤 젓가락을 빼고 파가 살짝 익도록 앞뒷면을 고르게 지져 초간장과 함께 내요.

> **Tip** 맛있는 요리 꿀팁
>
> ° 파는 살짝 익어야 색이 푸르고 예뻐요.
> ° 파산적을 지질 때는 뒤집개로 누르지 않는 게 좋아요.
> ° 실파 대신 살짝 데친 마늘종을 밑간해서 사용해도 별미예요.
> ° **파강회** 소고기를 삶아 길이 4cm, 폭 0.7cm, 두께 0.5cm로 썰고, 홍고추는 속을 떼어내고 길이 4cm, 폭 0.5cm, 황백지단은 길이 4cm, 폭 0.5cm로 썰어 데친 실파를 이용하여 돌려 묶어 초고추장(고추장 2큰술, 설탕 ½큰술, 식초 1큰술)을 곁들여요.

감자전

**고소하고 쫀득한 맛이
일품인 전**

감자를 갈아 채소를 넣고 양념하여 지진 음식이에요. 감자는 알칼리성 식품으로 식이섬유가 많아 혈중 콜레스테롤과 혈당을 낮추어 성인병 예방에 좋고, 감자 전분은 위산 과다로 인한 질병과 손상된 위를 회복하는 데 효과적이지요. 하지만 싹이 나거나 빛이 푸르게 변한 감자는 독성이 있으므로 그 부분을 도려내고 사용하는 게 좋아요.

재료
감자 2⅓개
애호박 20g
부추 20g
청·홍고추 각 1개
소금 ¼작은술
식용유 3큰술

초간장
간장 1큰술
식초 1큰술
물 1큰술
잣가루 1작은술

만드는 법

1. 손질한 감자를 강판에 갈아 체에 밭쳐 건더기는 물기를 짜고, 남은 물은 15분 정도 앙금을 가라앉힌 뒤 웃물만 따라내요. 애호박은 씻어 2cm 길이로 잘라 돌려 깎은 뒤 채썰고, 청·홍고추는 반을 갈라 속을 떼어내고 2cm 길이로 채썰고, 부추는 손질하여 1cm 길이로 썰어요.

2. 애호박, 부추, 청·홍고추, 감자 건더기, 앙금을 함께 넣고 고루 섞은 뒤 소금으로 간해요. 부치기 직전에 소금을 넣어야 삭지 않아요.

3. 달군 팬에 식용유를 두른 뒤 감자전 반죽을 지름 5cm 정도로 둥글게 놓아 중불에서 지지고, 초간장과 함께 내요.

Tip 맛있는 요리 꿀팁

° 감자전분을 ½컵 섞어도 좋아요.
° 감자전은 갈아서 쓰기도 하지만, 채썰어 부치기도 해요.
° 감자전을 부치기 직전에 소금을 넣어야 삭지 않아요.

° **감자채전** 감자 2개를 채칼에 썰어 찹쌀가루 3큰술, 부침가루 4큰술을 넣고 섞어주세요. 달군 팬에 식용유를 두른 뒤, 감자채 반죽을 지름 5cm 정도로 둥글게 놓아 중불에서 지지고, 초간장과 함께 내요.

모듬전 ⑦

**한 바구니에
맛있는 전을 한가득**

7 영양을 책임지는 구이와 전　　한국인뿐 아니라 외국인도 좋아하는 전과 구이

생선전

재료
흰살 생선포(동태) 1마리, 소금 ¼작은술, 흰 후춧가루 ⅛작은술, 밀가루 3큰술, 달걀 2개, 식용유

만드는 법
생선포는 물기를 제거하고 소금과 흰 후춧가루를 뿌려 밀가루를 입힌 뒤 달걀 물을 씌워 중불에서 갈색이 나지 않게 지져요. 이때 물기를 너무 제거하면 생선이 뻑뻑해요.

새우전

재료
새우(중하) 12마리, 밀가루 4큰술, 달걀 1개, 식용유
양념장 소금 ¼작은술, 청주 ⅔큰술, 생강즙 1작은술, 흰 후춧가루 ⅛작은술

만드는 법
새우는 내장을 빼내고 머리를 뗀 뒤 꼬리는 남겨둔 채 몸통의 껍질을 벗겨 등 쪽에 길게 칼집을 넣고 펴서 잔 칼집을 넣어요. 손질된 새우에 양념을 하고 10분 정도 재운 다음 밀가루를 입히고 달걀 물을 씌워 중불에서 지져요. 너무 오래 지지면 꼬리가 비틀어져요.

육원전

재료
다진 소고기(우둔) 200g, 두부 50g, 밀가루 3큰술, 달걀 2개, 식용유
양념장 간장 1작은술, 소금 ¼작은술, 설탕 ½작은술 다진 파 1작은술, 다진 마늘 ½작은술, 후춧가루 ⅛작은술, 참기름 1작은술

만드는 법
다진 소고기는 핏물을 닦고, 두부는 면포에 짜서 칼등으로 곱게 다져 양념을 넣고, 함께 주물러 직경 4cm 정도로 둥글납작하게 완자를 만든 다음 완자에 밀가루를 입히고 달걀 물을 씌워 중불에서 지져요.

깻잎전

재료
깻잎 12장, 다진 소고기(우둔) 150g, 두부 50g, 밀가루 3큰술, 달걀 2개, 식용유
양념장 소금 ½작은술, 설탕 ¼작은술, 다진 파 ½작은술, 다진 마늘 1작은술, 깨소금 ½작은술, 후춧가루 ⅛작은술, 참기름 1작은술

만드는 법
다진 소고기는 핏물을 닦고, 두부는 면포에 물기를 짜서 칼등으로 곱게 다져 양념을 넣고 깻잎전 소를 만들어요. 깻잎 안쪽에 밀가루를 고루 묻히고 소를 0.3cm 두께로 얇게 펴서 넣고 반을 접어 깻잎의 겉면에 밀가루를 입혀 달걀 물을 씌운 뒤 중불에서 지져요.

표고버섯전

재료
건표고버섯 12개, 다진 소고기(우둔) 60g, 두부 20g, 유장(간장 1작은술, 참기름 ½작은술), 밀가루 1큰술, 달걀 1개, 식용유
양념장 간장 ⅓작은술, 소금 ¼작은술, 설탕 ¼작은술, 다진 파 1작은술, 다진 마늘 ½작은술, 깨소금 ½작은술, 후춧가루 ⅛작은술, 참기름 1작은술

만드는 법
건표고버섯을 1시간 불려 기둥을 떼고 물기를 닦아 유장으로 밑간하고, 다진 소고기와 곱게 으깬 두부에 양념을 넣어 소를 만들어요. 고기와 두부를 섞어 많이 치댈수록 전의 표면이 깨끗해요. 표고버섯 안쪽에 밀가루를 묻히고 소를 넣고 평평하게 채운 뒤 소를 채운 쪽에만 밀가루를 입혀 달걀 물을 씌워요. 중불에서 소가 있는 쪽을 먼저 지진 뒤 반대쪽을 지져요.

최고의 요리 비법

*구이와 전 만드는 비결

Q 생선을 구울 때 부서지지 않고 맛있게 구우려면 어떻게 해야 할까요?

A 껍질 쪽을 먼저 구워 생선살을 보호하거나 생선에 소금을 살짝 뿌려 구우면 잘 부서지지 않아요. 생선에 밀가루를 입혀 구우면 더욱 바삭하게 구울 수 있고, 굽는 도중 기름이 덜 튀어요. 연어나 메로처럼 기름이 많은 생선은 굽기 전에 소스에 재웠다가 오븐이나 그릴에 구우면 더 맛있지요.

Q 불고기와 같은 고기 요리를 구울 때 팬 주위의 조리대에 기름과 양념이 튀지 않고 깔끔하게 굽는 방법이 있을까요?

A 튀는 것을 방지할 수 있는 팬 덮개나 유산지를 덮으면 훨씬 덜 튀어 뒷정리가 한결 수월하지요. 또 달군 팬에 재료를 볶으면 재료의 육즙과 맛을 유지할 수 있고, 양념도 잘 스며들며, 기름 튀는 현상도 적어져요.

Q 석쇠에 생선을 구울 때 생선살이 석쇠에 달라붙지 않게 하려면 어떻게 해야 되나요?

A 석쇠를 불에 뜨겁게 달군 뒤 식용유를 바르고 그 위에 생선을 놓은 다음 센 불에서 15cm 높이로 올려 앞뒤로 서서히 구우면 돼요.

Q 부드러운 소고기 구이를 하려면 어떻게 해야 되나요?

A 고기는 결대로 썰면 질기므로 반드시 결 반대 방향으로 썰고 양념장에 30분 정도만 재웠다가 구우면 돼요. 너무 오래 재우면 육즙이 많이 빠져나와 짜고 질겨져요.

최고의 요리 비법

*구이와 전 만드는 비결

Q 고기를 석쇠에 구울 때 타지 않게 하는 방법이 있을까요?

A 석쇠에 고기를 촘촘히 얹어 구우면 고기 틈새로 불이 올라오지 않아 잘 타지 않아요. 성글게 올리고 구우면 틈새로 불이 올라와 잘 타요.

Q 구이할 때 좋은 양념법을 알려주세요.

A 구이는 소금으로만 간을 하는 방법, 양념간장을 발라서 굽는 방법, 양념 고추장을 발라서 굽는 방법이 있어요.

Q 전을 부칠 때 표면이 매끈하고 모양이 좋게 하려면 어떻게 해야 할까요?

A 밀가루를 충분히 입힌 뒤 잘 털어내고 달걀물을 씌워 지지면 기름도 덜 흡수하고 표면이 매끈해요.

Q 전을 지질 때 불의 세기는 어느 정도로 해야 바삭한가요?

A 센 불은 타기 쉽고, 약불은 기름을 많이 흡수하기 때문에 옷이 벗겨지기 쉽고 질감이 바삭하지 않으니, 중불에서 노릇하게 지져 채반에 식혀야 해요.

Q 먹고 남은 전은 어떻게 보관해야 할까요?

A 냉장 보관하면 수분이 빠져나가 금방 딱딱해지므로 밀폐용기나 지퍼백에 담아 냉동 보관하는 것이 좋으며, 약 2주 정도 보관이 가능해요. 먹을 때는 해동한 뒤 기름을 두르지 않은 팬에 살짝 굽거나 키친타월로 기름을 닦은 다음 에어프라이어나 오븐에 데워 먹으면 돼요.

8

만들어두면 좋은
밑반찬

마음이 든든한 밑반찬들

마음이 든든한 밑반찬들

언젠가 방송국에서 제가 평소 어떤 밥상을 차려 먹는지 촬영하러 온 적이 있습니다. 한식의 전문가로 알려져 있으니 뭔가 눈에 띄는 식단을 기대했겠지만, 사실 저희 집 밥상은 그다지 특별하지 않아요. 식사는 소량으로 하되 될수록 제철 재료로 반찬을 만든다는 원칙 정도가 특징이라면 특징이겠지요. 식재료든 과일이든 저는 제철 재료를 선호합니다. 제철 재료의 좋은 점은 이미 앞에서도 충분히 강조했지만, 제철 재료만큼 영양소도 풍부하고 에너지가 막강한 음식은 없을 거예요.

하지만 우리에게는 반드시 제철 재료로 만든 음식이 아니라도 1년 365일 언제 먹어도 좋을 밑반찬 종류가 아주 많아요. 밑반찬 두어 가지만 만들어놓아도 어쩐지 마음이 든든해집니다. 갑자기 손님이 오셔서 급히 밥상을 차릴 때도 큰 역할을 하는 것이 바로 밑반찬이지요.

어린 시절 저희 집에도 언제나 가지각색의 밑반찬들이 있었어요. 검정콩에 간장을 넣고 조린 콩장, 소금과 설탕으로 간을 한 흰콩 볶음, 뱅어포 양념 구이를 비롯해, 무말랭이, 김부각, 고추부각, 멸치볶음, 연근조림, 감자조림 등 마음먹고 열거하자면 끝도 없이 늘어놓을 수 있지요.

모든 재료들이 제각기 몸에 좋은 영양소를 품고 있긴 하지만, 그중 연근은 특히 스트레스가 많은 현대인들에게 더없이 좋은 식품이랍니다. 항산화 작용과 항암 작용을 하고, 혈액의 순환과 생성을 도우며, 고혈압을 예방할 뿐만 아니라 진정 작용이 있어 피로를 풀어주고 불면증을 개선하여 숙면을 도와주지요. 또한 껍질째 갈아

밑반찬 두어 가지만 만들어두어도
마음이 든든해집니다.

최고의 음식이란 정성을 다하는
마음에서 비롯되는 것이랍니다.

먹으면 감기를 예방해주며, 기침과 가래를 완화시켜주고, 숙독을 풀어주는 효과도 있습니다. 하지만 과민성대장증세 또는 당뇨가 있는 경우 연근을 먹으면 속이 더부룩해질 수도 있으니 조심하셔야 해요. 사실 연근뿐 아니라 모든 식재료는 자신의 체질에 맞게 적당히 섭취하는 것이 좋아요.

가령 멸치는 단백질·칼슘·철 등이 골고루 들어 있고, 특히 필수아미노산이 풍부하여 주식인 밥과 조화를 잘 이루는 식품이지만, 너무 많이 먹으면 멸치 속의 퓨린 성분이 아미노산을 요산으로 바꾸게 돼요. 이 요산은 우리 몸에서 소변으로 나가야 하는 찌꺼기인데, 몸속에서 빠져나가지 못하고 발가락 같은 관절에 쌓이면 백혈구가 그것을 바이러스로 착각해서 잡아먹게 되어 통풍성 관절염을 일으킬 수 있답니다. 적당히 섭취하기만 한다면, 멸치는 갱년기 여성들의 골다공증 예방과 산모 및 태아에게 더없이 좋은 식품이지요.

정성을 들이는 마음이라는 게 어떤 것인지 모르는 사람은 없을 거예요. 비단 음식을 만드는 일이 아니라도 각자 지극한 마음으로 하게 되는 일들이 있잖아요. 마음을 기울이는 대상이 어떤 일이 아니라 사람일 수도 있고요. 일이든 사람이든 정성을 다해 대하고 나면 그 자체로 충만하고 행복해지지요. 그 순간들의 기억을 떠올려본다면 음식을 만들 때 어떤 마음이어야 하는지 쉽게 알 수 있을 거예요. 최고의 음식은 바로 그 마음에서 비롯되는 것이라고, 저는 믿고 있어요. 너무 교과서 같은 말처럼 들리겠지만, 사실이 그러하니 그렇다고 할 수밖에 달리 도리가 없답니다.

콩조림 ①

콩에 양념장을 넣고 조린 반찬으로 지역에 따라 콩자반, 콩장으로 불리기도 해요. 콩은 오곡의 하나로 쌀에서 부족하기 쉬운 단백질을 공급해주며, 당뇨병이나 신장 기능을 보강하는 데 좋아요. 콩조림에 사용되는 서리태는 노화와 비만 방지에 효능이 있고, 탈모 방지에도 좋답니다.

재료
검은콩(서리태) 200g, 물 3컵, 올리고당 1큰술, 통깨 1작은술
양념장 간장 3큰술, 설탕 3큰술

만드는 법

1. 검은콩을 깨끗이 씻은 뒤 물 3컵을 넣고 1시간 정도 불려요.
2. 냄비에 콩과 물을 넣고 끓여 콩이 익으면 간장과 설탕을 넣고 중불에서 30분 정도 끓여요.
3. 콩에 간이 배고 국물이 자작해지면 올리고당과 통깨를 넣고 5분 정도 더 조려요.

° 콩을 끓이는 도중 내용물이 눌어붙거나 끓어 넘치지 않도록 가끔 저어줘요.
° 먼저 콩을 삶아 익힌 뒤 양념장을 넣고 조려야 콩에 간이 잘 배요.

깻잎자반 ②

달콤 짭짤한 양념에 바삭한 깻잎을 맛있게 볶은 깻잎자반만 있으면 다른 반찬이 필요 없어요. 깻잎의 특유한 향을 내는 방향성 정유 성분이 입맛을 돋우어 없던 밥맛도 돌아오게 한답니다.

재료
깻잎 100g, 통깨 1큰술
양념장 간장 2큰술, 설탕 1큰술, 맛술 2큰술, 올리고당 2큰술

만드는 법

1. 깻잎을 깨끗이 씻어 물기를 완전히 뺀 다음 꼭지 부분은 잘라내고 0.7cm 두께로 채썰어요. 그리고 채썬 깻잎은 손으로 훌훌 털어 흩어놓아요.
2. 130℃로 예열된 기름(젓가락을 넣었을 때 주변에 기포 발생)에 깻잎을 넣고 3~4회 정도 뒤집어가며 바삭바삭 소리가 날 때까지 튀겨요.
3. 냄비에 양념장을 만들어 넣고 걸쭉하게 끓여요.
4. 뜨거운 양념장에 기름을 뺀 튀긴 깻잎을 넣고 주걱으로 살살 섞어요.

° **깻잎부각** 깻잎 30장을 깨끗이 씻어 물기를 완전히 제거한 뒤 깻잎의 뒷면에 찹쌀풀 양념(찹쌀풀 1컵, 간장 2큰술, 소금 1큰술)을 바르고 통깨를 뿌려 말린 다음 튀겨요.

멸치볶음 ③

멸치볶음은 아이들이 좋아하는 반찬 중 하나예요. 오래 보관할 수도 있어서 밑반찬으로 제격이지요. 멸치는 뼈째 먹는 대표적인 생선으로 한국인의 칼슘 섭취를 담당하고 있어요.

재료
잔멸치 150g, 맛술 1큰술, 슬라이스 아몬드 50g, 진피 10g, 청고추 1개, 홍고추 ½개, 통깨 1큰술, 참기름 1작은술
양념장 고추기름 2큰술, 포도씨유 1큰술, 간장 1큰술, 청주 1큰술, 설탕 2큰술, 물 1큰술, 물엿 3큰술

만드는 법

1. 기름을 두르지 않고 달군 팬을 약불에 놓고 아몬드를 볶아요. 멸치는 볶다가 맛술을 넣고 좀 더 볶아요. 청·홍고추는 송송 썰어 물에 한번 헹군 뒤 씨를 빼요.
2. 팬에 양념장 재료를 넣고 바글바글 끓으면 불을 낮추고, 볶아놓은 멸치와 아몬드, 진피를 넣어 골고루 섞은 다음 청·홍고추를 넣고 볶아요.
3. 통깨와 참기름을 넣고 불을 꺼요.

° 멸치볶음에 비타민 C가 있는 진피를 넣으면 멸치의 잡내를 잡고 칼슘의 섭취를 도와줘요.

오징어채볶음 ④

식탁 위에 빠지면 섭섭한 반찬인 오징어채볶음. 오징어채는 진미채라고도 하는데요. 오징어에 조미료를 넣고 건조시킨 뒤 잘게 자른 가공 식품으로 껍질을 안 벗기고 만든 홍진미와 껍질을 제거하여 만든 백진미로 나뉘어요.

재료
오징어채 200g, 참기름 1큰술, 통깨 ½큰술
양념장 고추장 2큰술, 고춧가루 1큰술, 간장 1큰술, 설탕 1큰술, 맛술 4큰술, 물엿(조청) 2큰술

만드는 법

1. 오징어채를 한번 씻어 끓는 물에 살짝 데쳐 길이 7cm 정도로 잘라요.
2. 팬에 양념장 재료를 넣고 끓여요.
3. 양념장이 바글바글 끓으면 불을 낮추고 오징어채를 넣고 양념에 잘 섞어주세요.
4. 양념이 잘 섞이면 오징어채에 참기름과 통깨를 넣어주세요.

° 오징어채를 비닐에 넣고 청주를 뿌려 10여 분 두거나 김 오른 찜기에 살짝 쪄주면 잡내가 날아가요.
° 전통적인 오징어채볶음은 버터나 마요네즈가 들어가지 않지만, 요즘에는 달라붙지 않고 부드럽고 고소한 맛을 위해 마요네즈 1큰술 넣어도 좋아요.

연근조림 ⑤

연근은 섬유질이 풍부하여 소화 기능을 촉진시키고 콜레스테롤을 저하시켜 고혈압을 예방하는 효과가 있어요. 또한 끈끈하고 미끄러운 뮤신 성분이 들어 있어서 무기력증을 없애주고 신경 안정에도 도움이 된답니다.

재료
연근 150g, 물 2컵, 식초 1작은술, 식용유 1큰술, 조청 1큰술, 참기름 1작은술, 통깨(검정깨) 1작은술
양념장 간장 2큰술, 설탕 1큰술, 물(다시마 국물) 2컵

만드는 법
1. 연근은 깨끗이 씻어 껍질을 벗기고 0.5cm 두께로 썰어 식초 물에 10분 정도 담가둬요.
2. 냄비에 물을 붓고 센 불에 올려 끓으면, 연근을 넣고 10분 정도 익힌 다음 찬물에 헹궈 물기를 빼요.
3. 냄비를 달구어 식용유를 두르고 연근을 넣은 뒤 중불에서 투명하게 볶다가 양념장을 넣고 30분 정도 국물을 끼얹어가며 조려요.
4. 국물이 자작해지면 조청을 넣고 센 불에서 2분 정도 더 조려 참기름, 검정깨를 넣어요.

° 매콤한 맛을 좋아하면 건고추를 넣어도 좋아요.
° 땅콩이나 호두를 넣고 함께 조려도 별미예요.

김부각 ⑥

바삭바삭한 식감에 맛도 고소해서 온 가족이 좋아하는 반찬이지요. 반찬으로도 먹고 간단한 술 안주로도 활용할 수 있어 만들어놓으면 금세 사라진답니다.

재료
김밥용 김(혹은 김) 10장, 통깨 2큰술, 식용유 2컵
찹쌀풀 양념장 북어 육수 2컵, 찹쌀밥 ½컵, 간장 ½작은술, 소금 ½작은술, 설탕 1큰술, 생강즙 ½작은술

만드는 법
1. 김은 두 장을 서로 맞대고 비벼서 잡티를 제거해요.
2. 냄비에 육수와 찹쌀밥, 양념을 넣고 쌀알이 퍼지고 되직해질 때까지 끓여주세요.
3. 김을 펴고 솔로 식은 찹쌀죽을 얇게 펴 바른 뒤 반으로 접어 다시 그 위에 찹쌀죽을 바르고 통깨를 뿌려 채반에 말려요.
4. 김이 꾸덕꾸덕하게 마르면 손으로 잡아당겨 반듯하게 한 다음 말려서 밀봉해요.
5. 팬에 식용유를 붓고 기름의 온도가 170~180℃가 되면 김부각을 넣고 7~8초 튀겨요.

최고의 요리 비법

*든든한 밑반찬

Q 콩조림을 만들 때 콩을 꼭 불려야 하나요?

A 불리지 않고 삶아서 사용해도 되지만, 콩을 물에 충분히 불려 사용하면 콩이 삶아지는 시간을 단축할 수 있어요. 또 콩이 덜 익은 상태에서 간장을 넣으면 콩조림이 딱딱해지므로 콩이 거의 익었을 때 양념을 넣어야 해요.

Q 멸치와 같이 마른 재료를 볶았을 때 딱딱해지지 않는 방법이 있나요?

A 건어물을 볶을 때는 미리 청주나 생강즙을 뿌려두면 비린내가 가시고 뒷맛이 깔끔해져요. 팬에 기름을 넉넉하게 두르고 볶아 재료에 기름이 흠뻑 배어야 딱딱하지 않고 부드러우며, 마늘이나 마른 고추를 함께 볶아 칼칼한 맛을 내는 것도 좋아요. 간은 마지막에 살짝만 해주는 것이 포인트예요.

Q 멸치볶음이나 진미채 볶음을 만들어 냉장고에 넣어두면 딱딱해서 먹기가 힘들어요. 부드럽게 먹는 방법이 있을까요?

A 멸치볶음이나 진미채 볶음을 만들 때 마요네즈를 1~2큰술 넣고 볶으면 냉장고에 넣어두어도 부드럽고 윤기가 돌며 맛이 고소한 밑반찬을 만들 수 있어요.

Q 부각을 기름에 튀기지 않고 만드는 방법도 있을까요?

A 기름에 튀기는 것이 부담스럽다면 오븐에 구워도 돼요. 김부각을 기준으로 오븐은 160도에 20분, 에어프라이어는 180도에 30분 정도면 되고, 부각 재료의 수분 함유량에 따라 온도와 시간은 달라질 수 있어요.

Q 연근조림의 색을 진하고 먹음직스럽게 하는 방법이 있나요?

A 물엿이나 올리고당을 넣어도 되지만, 황색 물엿이나 황색 올리고당을 넣으면 소량의 캐러멜 성분이 함유되어 있어 연근의 식감도 쫀득쫀득해지고 색깔도 더욱 먹음직스러워져요.

9

장아찌와
젓갈만 있어도
밥 한 공기 뚝딱

오래된 밥도둑

오래된 밥도둑

수천 년 전부터 우리의 선조들은 계절별 저장·발효 음식을 만들어 먹었습니다. 봄에는 간장과 고추장을, 여름에는 젓갈을, 가을에는 김장을 담갔어요. 그리고 다양한 방식으로 오랜 시간 저장해두었다가 꺼내 먹었지요. 오래전 우리의 어머니들은 새벽마다 장독대 앞에 정화수를 떠놓고 집안의 평안과 발효 음식들의 좋은 맛을 기원하는 기도를 올리곤 했습니다. 그만큼 발효 음식은 한 가정의 안녕과 깊이 연관되어 있었어요.

김치 다음으로 한국인이 많이 먹는 저장·발효 음식으로는 장아찌와 젓갈이 있지요. 장아찌는 무·오이·가지·깻잎·마늘·마늘쫑·감 등의 채소와 김·미역귀·톳·굴비 등의 해조류 및 생선을 간장·된장·고추장 등에 넣어 오래 두고 먹는 저장 음식입니다. 간이 충분히 배고 나면 먹기 좋은 크기로 썰어 고소한 참기름과 깨소금을 넣고 조물조물 무치면 그야말로 밥도둑이 따로 없어요.

어린 시절 저희 집에도 늘 다양한 장아찌들이 있었답니다. 어머니는 각 계절마다 제철 채소로 장아찌를 담그셨지요. 밥상에 항상 빠지지 않고 올라왔던 명이장아찌는 봄에 담그셨어요. 명이나물은 본래 산나물 중 유일하게 마늘 향이 나서 산마늘이라 불렸는데, 울릉도에서는 춘궁기에 목숨을 이어준다 하여 명이나물이라 불렀다고 해요. 그만큼 생명력이 강한 채소이고, 특히 섬유질이 풍부해 육류와 궁합이 아주 잘 맞지요.

여름이 되면 어머니는 가지장아찌를 담그셨어요. 일반적으로는 가지를 썰어 칼집을 내고 소금에 절인 뒤 간장양념장에 넣고 숙성시켜 만드는데, 저의 고향 개성

장아찌나 젓갈 같은
저장 · 발효 음식을 한두 가지
쟁여놓고 나면 어쩐지 마음이
든든해집니다.

우리 조상들은 계절별 저장·발효 음식을 만들어 먹었어요. 봄에는 간장과 고추장을, 여름에는 젓갈을, 가을에는 김장을 담갔어요.

에서는 가지를 살짝 데쳐 소금이 아닌 재래식 맑은 간장에 담가 깊은 맛을 내는 것이 특징이었습니다.

가을에는 더덕장아찌와 감장아찌를 담그셨지요. 추수가 끝날 즈음 어머니는 장에 가서 소쿠리 가득 더덕을 사오시곤 잘 말려 된장과 고추장에 담가두었다가 맛이 들면 꺼내어 참기름과 깨소금으로 양념해 기나긴 겨울 밥상에 자주 올리셨어요. 식구들이 한데 모여 더덕 껍질을 벗기면 집 안 가득 더덕의 향이 번지던 기억을 아직도 잊을 수 없습니다.

젓갈은 어패류의 내장이나 새우·멸치·조개 등에 소금을 넣어 발효시킨 음식으로, 갖은 양념을 하여 밑반찬으로 즐기거나 김치·국·무침 등에 넣어 간을 맞추고, 편육 등을 찍어 먹는 등 조미용 식품으로 쓰입니다. 몇 달의 숙성 시간을 거치면서 어패류 본연의 비린 맛은 사라지고 소금의 짠맛과 어우러지면서 젓갈 특유의 곰삭은 맛이 탄생하지요.

안 만들어봐서 그렇지, 의외로 장아찌도 젓갈도 그렇게 만들기 어려운 음식은 아니에요. 저장·발효 음식은 말 그대로 좋은 재료들을 잘 섞어 저장만 잘하면 발효는 알아서 되니까요. 예전과는 달리 재료들도 사시사철 마트에서 쉽게 구입할 수 있고요. 물론 여전히 제철 식재료들이 따로 있긴 하지만요. 어쨌든 장아찌든 젓갈이든 냉장고에 저장·발효 음식을 한두 가지 쟁여놓고 나면 어쩐지 마음이 든든해진다는 건 어느 누구도 부정할 수 없는 사실인 것 같습니다. 반찬 하나가 그런 역할을 하다니, 참으로 놀라운 일이지요.

9 장아찌와 젓갈만 있어도 밥 한 공기 뚝딱 　　오래된 밥도둑

고추장아찌 ①

고추를 소금이나 간장에 숙성시켜 만든 음식이 바로 고추장아찌예요. 고추의 매운맛 성분인 캡사이신은 식욕을 돋우고 몸속 지방을 분해하는 효과가 있으며, 고추씨는 각종 무기질을 비롯한 필수 영양소가 풍부하므로 버리지 말고 함께 먹는 것이 좋답니다. 고추장아찌는 숙성시킨 뒤 양념장을 따라내어 끓인 다음 식혀서 다시 부어주어야 상하거나 맛이 변하지 않아 오래 두고 먹을 수 있어요.

재료
청고추(풋고추) 200g
양념장 간장 1컵, 설탕 ½컵, 식초 ¾컵

만드는 법

1. 청고추(풋고추)는 꼭지 부분을 0.5cm 정도 남기고 잘라 깨끗이 씻은 다음 채반에 건져 1시간 정도 물기를 뺀 뒤 꼬치로 구멍을 뚫어요.
2. 냄비에 양념장 재료를 넣고 끓여요.
3. 용기에 고추를 넣고 끓인 양념장을 부은 뒤 고추가 위로 뜨지 않도록 무거운 누름돌로 눌러놓아요. 그래야 양념이 잘 배고 맛있어요.
4. 2~3주일 정도 숙성시킨 뒤 양념장을 따라내어 냄비에 붓고 센 불에서 팔팔 끓여 식힌 다음 다시 용기에 부어 1주일 정도 숙성시켜 먹어요.

○ **고추장아찌무침** 고추장아찌가 맛이 들면 다진 파, 마늘, 참기름을 넣고 무치거나 고추장과 고춧가루, 참기름, 깨소금을 넣어 만든 매콤한 양념장에 무쳐요.

깻잎장아찌 ②

깻잎은 독특한 향이 있어 입맛을 돋우어주므로 쌈이나 나물, 김치 등으로 만들어 먹지요. 깻잎장아찌는 담가서 바로 먹을 수 있지만 2주 정도 숙성시켜 먹으면 더 맛이 있고, 고기를 먹을 때 곁들여 먹으면 고기에 들어 있지 않은 영양을 보충하여 균형을 맞추어준답니다.

재료
깻잎 40장, 마늘 2톨, 생강 1조각
양념장 멸치 육수 ¼컵, 간장 4큰술, 설탕 1큰술, 멸치액젓 ½큰술, 고춧가루 1큰술, 통깨 1큰술

만드는 법

1. 깻잎은 줄기를 0.5cm 정도 남기고 잘라서 깨끗이 씻은 뒤 체에 밭쳐 30분 정도 물기를 빼요. 마늘과 생강은 2cm 길이로 곱게 채썰어요.
2. 냄비에 물을 붓고 멸치, 양파, 마늘, 파를 넣고 센 불에 올려 끓으면 중불로 낮추어 20분 정도 끓여 멸치 육수를 만들어요.
3. 멸치 육수에 간장, 설탕, 멸치액젓, 고춧가루, 통깨를 넣고 양념장을 만들어요.
4. 양념장에 채썬 마늘과 생강을 넣어요.
5. 깻잎을 2장씩 겹쳐 사이사이에 양념장을 넣고 용기에 담아 무거운 것으로 누른 뒤 이틀쯤 지나 먹기 시작해요.

○ 멸치 육수를 만들 때 멸치는 머리와 내장을 떼어낸 후 마른 팬에 살짝 볶아 비린내를 날려주세요.

○ **명이장아찌** 명이 1kg을 깨끗이 씻어 물기를 빼고 저장 용기에 차곡차곡 담은 뒤, 양념 절임장(물 3컵, 진간장 2컵, 멸치액젓 ¼컵, 식초 2컵, 설탕 1½컵, 매실청 ½컵, 마른고추 2개)을 끓여 뜨거울 때 붓고 잎이 뜨지 않도록 무거운 돌로 눌러둬요. 실온에서 3일간 숙성한 뒤 양념 절임장만 따라내어 한 번 팔팔 끓여 식힌 다음 다시 부어요.

9 장아찌와 젓갈만 있어도 밥 한 공기 뚝딱   오래된 밥도둑

오이장아찌 ③

오이는 수분이 96%이며 칼륨 함량이 높은 알칼리성 식품으로, 체내에 노폐물을 체외로 배출하는 작용을 하고 피를 맑게 하므로 고혈압 환자에게 적합하지요. 사계절 먹을 수 있는 채소이지만, 5월이 제철이라 이 시기의 오이가 가장 크기가 적당하고 맛도 좋답니다.

재료
백다다기오이 10개, 물 10컵, 굵은 소금 1컵, 청고추 5개, 홍고추 3개, 마늘 3통
양념장 진간장 1½컵, 청장 1컵, 식초 1컵, 설탕 1컵, 물 1컵

만드는 법

1. 중간 크기의 오이와 청·홍고추를 깨끗이 씻어 물기를 빼고 오이는 소금물에 하루 정도 담가둔 뒤 오이가 꾸들꾸들해지면 건져 씻어내고 채반에 펴서 하루 정도 말려요. 통마늘의 겉껍질은 모두 벗기고 얇은 속껍질만 한 겹 남긴 뒤 뿌리를 1cm 정도 남긴 다음 깨끗이 씻어요.
2. 저장 용기에 손질된 오이와 청·홍고추, 마늘을 넣어요.
3. 냄비에 진간장과 청장, 설탕을 넣고 팔팔 끓인 다음 식초를 넣어 저장용기에 부어요.
4. 1주일 정도 지나 양념장의 물만 따라 다시 끓여 식힌 뒤 용기에 부어준 다음 무거운 것으로 눌러놓고 한 달 뒤부터 먹어요.
5. 먹을 때는 오이와 청·홍고추를 썰어 파, 마늘, 깨소금, 참기름을 넣어 양념해요.

° 오이는 크게 다다기오이, 가시오이, 취청오이로 종류에 따라 요리의 쓰임이 달라요.
다다기오이는 샐러드나 절임, 장아찌 등에 많이 쓰이고, 가시오이는 무침요리, 취청오이는 오이소박이에 많이 사용해요.

알타리무장아찌 ④

알타리무는 무청이 연한 어린 무로 총각무가 표준어이고, 알무 또는 달랑무라고도 하지요. 밑동이 윗부분보다 굵고 단단하며 크기가 고른 것이 좋고, 무청은 연하고 짤막한 것이 좋아요. 비타민 C가 풍부하고 소화도 돕는 알타리무로 장아찌를 만들면 매운 김치를 못 먹는 아이들도 잘 먹어요.

재료
알타리무 1kg, 청양고추 10개, 홍고추 5개
양념장 진간장 1컵, 설탕 ⅔컵, 소금 3큰술, 식초 1컵

만드는 법

1. 알타리무는 깨끗이 씻어 0.5cm 두께로 동글동글하게 썰어요. 알타리무청의 연한 줄기도 같이 사용해요. 청양고추와 홍고추는 2cm 길이로 썰어 씨를 털어내요. 냄비에 설탕, 간장, 소금을 한데 섞어 살짝 끓인 다음 식초를 넣고 양념장을 만들어요. 무가 매우면 양념장에 매실청 ½컵을 넣어도 좋아요.
2. 항아리에 알타리무와 고추를 담고 양념장을 부어 3일 정도 서늘한 곳에 보관한 뒤 먹으면 돼요.

° 수분이 많은 채소(무, 알타리무, 고추, 양파 등)를 장아찌로 만들 때는 양념장을 끓여서 뜨거울 때 부어야 간이 빨리 배고, 단단하면서 아삭한 질감을 유지할 수 있어요. 반면 수분이 적은 채소(깻잎, 명이잎 등)는 양념장을 끓여서 식힌 뒤 부어야 본연의 맛과 색을 살릴 수 있어요.

9 장아찌와 젓갈만 있어도 밥 한 공기 뚝딱   오래된 밥도둑

오징어젓 ⑤

옛날 여인들은 서른여섯 가지 김치와 장, 젓갈을 담글 줄 알아야 했을 만큼 젓갈은 주요한 음식 중 하나였지요. 오징어는 표면이 투명하고 광택이 있으며 눌렀을 때 탄력 있는 것이 좋고, 몸통이 초콜릿색을 띨수록 신선하며 냉동 오징어는 녹지 않은 상태의 것을 골라 사용해요.

재료
오징어 1마리. 멸치액젓 ⅓컵, 고춧가루 3큰술, 청고추 2개, 홍고추 ½개, 마늘 40g

만드는 법

1. 오징어는 배를 갈라서 내장과 다리를 떼어내고, 껍질을 벗긴 뒤 깨끗이 씻어 길이 5cm, 폭 0.3cm 정도로 채썰어 멸치액젓을 넣고 6시간 정도 절여요. 이때 소금으로 절이기도 해요.
2. 청·홍고추는 씻어서 길이 2cm, 두께 0.3cm 정도로 어슷썰고, 마늘은 손질하여 0.3cm 정도로 저며 썰어요.
3. 절인 오징어를 고춧가루로 버무린 뒤 청·홍고추와 마늘을 넣어 고루 섞어요.
4. 항아리에 담고 숙성시킨 다음 1주일 뒤부터 먹어요. 먹기 직전에 참기름과 통깨를 뿌리면 더욱 맛있어요.

° 오징어젓은 가늘게 썰어야 더 맛있어요.

새우장 ⑥

새우는 지방이 적고 단백질과 칼슘이 풍부한 일급 강장 식품으로, 독특한 단맛을 내는 글리신의 함량이 가을과 겨울에 가장 높기 때문에 이때 가장 맛이 좋아요. 또한 혈중 콜레스테롤을 감소시키는 타우린과 키틴의 함량도 높답니다.

재료
새우(중) 1kg, 소주 2컵, 황기·감초 우린 물 5컵, 볶은 황기 5g, 볶은 감초 5g, 월계수잎 3장, 물 6컵
양념장 통후추 ½작은술, 마늘 1통, 생강 20g, 건고추 5개, 간장 3컵

만드는 법

1. 새우는 내장을 빼내고 꼬리의 물주머니와 뾰족한 수염, 입, 긴 다리를 손질하여 그릇에 담고 소주를 넣고 1시간 정도 둔 다음 건져요. 마늘과 생강은 편으로 썰고, 건고추는 2등분해요.
2. 황기와 감초를 마른 팬에 볶아 물에 넣고 30분 끓인 뒤 마지막에 월계수잎을 넣고 한 번 더 끓인 다음 양념장 재료를 모두 넣고 끓인 뒤 식혀서 새우에 부어요. 그래야 재료가 오그라들지 않고 형태나 질감이 유지돼요.
3. 3일 정도 지난 뒤 새우장의 양념 국물을 따라내어 다시 끓여 식혀 부은 다음 1주일 정도 지나 먹으면 돼요. 오래 두고 먹을 계획이라면 새우와 간장을 분리하여 냉동 보관하세요.

° **새우장덮밥** 밥 1공기를 참기름 1작은술에 가볍게 섞어놓고, 새우장 6마리와 채썰어 물에 담가 매운맛을 뺀 양파 ½개, 어린 채소 30g, 달걀노른자 1개, 김 가루 1큰술을 올려요.

9 장아찌와 젓갈만 있어도 밥 한 공기 뚝딱   오래된 밥도둑

궁채장아찌 ⑦

중국에서는 황제만 먹고, 일본에서는 해파리 씹는 맛과 비슷해 산해파리라고 부르는 궁채는 줄기상추 혹은 뚱채라고도 해요. 섬유질이 풍부해 변비 예방에 효과적이고, 식감이 아삭아삭하고 독특하여 장아찌뿐 아니라 볶음이나 김치로 조리해도 맛있답니다.

재료
건궁채 250g, 청양고추 5개, 홍고추 2개
양념장 간장 1½컵, 설탕 ¾컵, 식초 ½컵, 매실청 3큰술

만드는 법

1. 건궁채는 1시간 물에 불려서 5cm 길이로 잘라 끓는 물에 살짝 데친 뒤 바락바락 주물러 깨끗이 씻은 다음 물을 꼭 짜요. 궁채는 물에 불리면 8배 정도로 불어나요.
2. 청양고추·홍고추는 어슷하게 썰어요.
3. 저장 용기에 궁채와 청양고추·홍고추를 넣고 양념장을 끓여 식힌 뒤 부어요.
4. 궁채장아찌가 위로 떠오르지 않도록 누름돌로 눌러놓고, 5일 뒤부터 먹어요.

° 궁채는 물에 불려 데친 뒤 바락바락 주물러 여러 번 헹궈야 특유의 냄새를 뺄 수 있어요.

° 궁채를 물에 불려 데치지 않고 사용할 때는 양념장을 끓여서 뜨거울 때 부어야 아삭해요.

° **궁채볶음** 불린 궁채 200g에 양념장(간장 1큰술, 설탕 ½큰술, 다진 파 1작은술, 다진 마늘 ½작은술, 깨소금 1작은술)을 넣고 무친 뒤 달군 팬에 들기름 1큰술과 궁채를 넣고 볶다가 물과 들깨가루를 넣고 더 볶아요.

쌈추장아찌 ⑧

쌈추는 배추와 양배추의 교접으로 만들어진 채소로 배추의 고소함과 양배추의 달콤한 맛이 어우러져 독특한 맛을 낼 뿐만 아니라 식이섬유와 비타민 A, 칼슘이 풍부하게 함유되어 있어요. 장아찌뿐 아니라 국, 겉절이, 전 등 다양하게 사용해도 좋아요. 쌈추는 너무 크지 않고 잎의 표면이 매끈하면서 힘 있는 것이 신선하답니다.

재료
쌈추 1kg
양념장 간장 1½컵, 표고버섯 우린 물 1컵, 설탕 1컵, 식초 1컵, 매실청 5큰술, 건고추 3개, 청고추 2개

만드는 법

1. 쌈추는 깨끗이 씻어 물기를 빼고, 양념장을 만들어요. 청고추는 어슷하게 썰어요.
2. 저장 용기에 쌈추와 청고추를 차곡차곡 담은 뒤 끓인 양념장을 부어요.
3. 쌈추장아찌가 위로 떠오르지 않도록 누름돌로 눌러놓고, 5일 뒤부터 먹어요.

° 건고추는 잘라서 씨를 다 빼지 말고 조금 남긴 채 양념장에 넣으면 칼칼한 매운맛이 더해져요.

° **쌈추쌈밥** 밥 1공기에 참기름 1작은술, 통깨 ½작은술을 넣어 섞은 뒤 손으로 뭉쳐 쌈추장아찌로 돌돌 말아요.

간장게장
⑨

9 장아찌와 젓갈만 있어도 밥 한 공기 뚝딱   오래된 밥도둑

가을에 잡히는 참게는 민물 게로 등딱지 속에 단맛이 나는 까만색 장이 들어 있어서 가장 맛이 좋지만, 폐디스토마에 걸릴 위험이 있기 때문에 요즘은 주로 꽃게로 게장을 담가 먹지요. 꽃게는 단백질이 풍부하고 철분 흡수율이 좋아서 성장기 어린이들의 건강과 골격 형성에 아주 좋아요. 게장을 담글 때는 알이 든 암컷이면서 무게가 묵직한 것이 좋아요.

재료

꽃게(암꽃게) 5마리
소주 1컵

육수

다시마 가로·세로 10cm 1장
건표고버섯 3개
마늘 50g
생강 30g
건고추 5개
대파 1대
통후추 1큰술
감초 3쪽
물 10컵

양념장

간장 3컵
참치액젓 ⅓컵
육수 6컵
매실청 ½컵
청주 ½컵

만드는 법

1. 냄비에 육수 재료들을 넣고 센 불에 올려 끓으면 중불로 낮추어 20분 정도 끓인 뒤 다시마를 넣고 불을 끈 다음 10분 뒤 면포에 걸러요. 꽃게는 솔로 문질러 깨끗이 씻은 뒤 게딱지를 분리해 아가미와 모래주머니를 떼어내고 다리 끝마디를 자른 다음 소주를 부어 30분 정도 놓아둬요.
2. 양념장을 만들어 5분 정도 끓인 다음 식혀요.
3. 저장 용기에 손질된 꽃게를 담고 양념장을 부은 뒤 꽃게가 떠오르지 않도록 누름돌로 눌러둬요.
4. 3일 뒤 양념장만 따라내어 끓여서 식힌 뒤 다시 부은 다음 1~2일 지나 먹으면 돼요.

> **Tip** 맛있는 요리 꿀팁

° 살아 있는 게를 사용하는 것이 좋고, 살아 있는 게를 급냉동했다가 사용해도 돼요.

° 게의 배 쪽 둥근 겉껍질을 벗기면 하얀색의 아가미가 들어 있는데, 물이 드나드는 곳으로 필터 역할을 하는 곳이라 식중독을 일으킬 수 있으므로 반드시 떼어내고 사용해요.

° 만든 뒤 5~10일 이내에 먹는 것이 좋고, 5일 이후에 꽃게와 국물을 분리하여 냉동 보관하면 맛이 유지될 수 있어요.

° **꽃게찜** 꽃게 3마리를 동일한 방법으로 손질한 뒤 김 오른 찜기에 올려 15분 정도 찐 다음 불을 끄고 5분 정도 뜸을 들여요.

최고의 요리 비법

*밥도둑 장아찌 담그기

Q 오이장아찌를 담갔는데, 오이가 너무 물컹거려요, 이유가 뭘까요?

A 소금을 잘못 선택했을 수 있어요. 반드시 간수를 뺀 굵은 천일염(호렴)을 사용해야 실패를 안 해요. 또 장물은 반드시 펄펄 끓인 뒤 뜨거울 때 바로 부어주어야 오이의 아삭한 맛이 유지돼요. 오래 두고 먹으려면 장물을 여러 차례 다시 끓여 부어주면 되지요.

Q 장물을 끓여 뜨거울 때 바로 붓는 경우와 식혀서 붓는 경우가 있는데, 언제 그렇게 해야 하나요?

A 오이, 마늘, 고추, 무 등 껍질이 있거나 섬유질이 많고 단단한 채소는 뜨거울 때 부어야 하고, 깻잎처럼 연한 채소는 끓인 장물을 식혀 부어야 본래 채소의 맛을 살릴 수 있어요.
- 간장장아찌 – 간장 : 식초 : 물 : 설탕 = 2 : 1 : 1 : 1
- 향이 강한 채소 – 간장 : 식초 : 물 : 설탕 = 2 : 2 : 2 : 1
- 담백한 채소 – 간장 : 물 : 설탕 = 1 : 2 : 1

Q 시중에 식초의 종류가 많은데, 어떤 식초로 장아찌를 담그면 좋을까요?

A 사과식초나 현미식초 모두 사용이 가능해요. 그러나 레몬식초나 사과식초처럼 향이 강하거나 2배 식초, 3배 식초처럼 산도가 너무 높은 것은 장아찌 재료 본래의 맛을 해칠 수 있으니 사용하지 않는 것이 좋아요.

Q 장아찌를 담근 뒤 얼마나 숙성시킨 후 먹어야 가장 맛있나요?

A 장아찌의 숙성 정도는 개인의 입맛에 따라 다르지만, 잎채소 장아찌는 1주일 뒤부터 상큼한 장아찌를 맛볼 수 있고, 1개월 이상 숙성하면 발효가 진행되면서 식재료와 장맛이 어우러져 감칠맛이 더해져요. 숙성 기간은 보통 식재료의 단단하고 두꺼운 정도에 따라 비례해요. 예컨대 참외와 무의 경우 100일 이상 지나야 양념장이 식재료에 고르게 배기 때문에 3개월 이상 숙성시켜 먹으면 맛있어요.

최고의 요리 비법

*밥도둑 장아찌 담그기

Q 장아찌는 언제까지 두고 먹을 수 있나요?

A 장아찌는 본래 제철 식재료를 오래 두고 먹기 위해 만드는 저장식품이므로, 다시 제철 식재료가 나올 때까지 1년 정도 두고 먹는 것이 좋아요. 저염일수록 냉장 보관하는 것이 좋고, 저장기간은 단축되지요.

Q 장아찌에 하얀 이물질이 생겼는데, 어떻게 해야 할까요?

A 수분이 많은 식재료인 경우 처음 장물을 부어 숙성시킬 때 수분이 빠져나와 장물의 염도가 낮아지면서 하얀 이물질이 생길 수 있어요. 따라서 수분이 많은 식재료로 장아찌를 만들 때는 장물에 담근 지 3일 뒤 다시 한번 장물을 끓여 부어주는 것이 좋아요. 보통 장아찌를 담근 지 3개월 뒤 양념장물을 다시 끓여 부어주고, 염도가 낮을수록 끓여 붓기를 반복하면 오래도록 두고 먹을 수 있어요.

Q 장아찌를 다 먹고 남은 장물을 활용할 수 있는 방법은 없나요?

A 장물을 끓인 뒤 새로운 장아찌 재료에 넣으면 풍부한 맛의 장아찌로 다시 활용할 수 있고, 된장이나 고추장으로 담글 장아찌 재료의 1차 절임물로 사용할 수도 있어요. 또한 장아찌 국물에는 식초, 매실, 간장 등 양념들이 들어 있기 때문에 파나 고추만 썰어 넣어도 초간장으로 사용할 수 있고, 올리브유만 첨가하면 샐러드 소스나 두부 소스, 파채 소스, 삼겹살 소스 등에 활용이 가능해요. 또한 고추장 장아찌 양념에 장아찌를 잘게 썰어 넣고 고춧가루와 과일즙, 참기름, 깨소금을 넣어 비빔장을 만들면 숙성 양념장 맛이 나지요.

Q 장아찌는 항아리에 숙성시켜야 맛있나요?

A 장아찌는 발효음식이기 때문에 일정한 기온과 습도, 위생적인 공간이라면 항아리 숙성이 가장 좋아요. 하지만 항아리가 없거나 위생적으로 관리하기 어려운 환경이라면 유리병이나 플라스틱병을 잘 소독하여 사용하면 돼요. 열소독이 가능한 유리병은 끓는 물에 소독하고, 플라스틱병은 알코올 도수가 높은 소주나 식초로 닦아 소독해요.

한국인의
소울푸드,
김치

사계절 우리 밥상에 오르는 반찬

배추김치 ①

한국인의 소울푸드, 김치

배추는 무, 고추, 마늘과 함께 우리나라 4대 채소 중 하나로 김치뿐만 아니라 여러 가지 요리에 사용되며, 수분을 비롯해 칼슘과 칼륨, 비타민, 무기질 등 영양소가 풍부하지요. 북쪽 지방의 김치는 국물이 많고 고춧가루를 적게 넣어 맛이 담백하고, 남쪽 지방의 김치는 소금과 젓갈, 고춧가루를 많이 넣어 맵고 짜며 국물이 적답니다.

재료

배추 2통(4.8kg)
무 1개
홍갓 150g
미나리 70g
쪽파 200g
굴 1컵

배추 절이기
굵은 소금 3컵
물 13컵

굴 씻기
고운 소금 ½큰술
물 2컵

김치 양념
고춧가루 1½컵
새우젓 100g
멸치액젓 ½컵
설탕 1큰술
다진 대파 1컵
다진 마늘 5큰술
다진 생강 2큰술

김치 국물
물 ½컵
소금 1작은술

만드는 법

1. 배추는 뿌리 밑동과 겉잎을 다듬고 포기의 반만 세로로 길게 칼집을 넣어 손으로 쪼개요. 굵은 소금의 ⅔는 물에 녹여 배추를 절이고, 나머지 ⅓은 배추 줄기 사이에 켜켜이 뿌린 다음, 자른 단면이 위로 오게 하여 3시간 정도 절인 뒤 뒤집어서 3시간 정도 더 절인 다음 흐르는 물에 3~4회 씻고, 채반에 건져 1시간 정도 물기를 빼요.

2. 무는 깨끗이 다듬어 씻고 길이 4cm 정도로 채썰고, 쪽파, 갓, 미나리도 씻어 무와 같은 길이로 썰어요. 굴은 엷은 소금물에 씻어 건져둬요.

3. 새우젓은 건더기는 건져 잘게 다지고, 새우젓 국물과 멸치액젓에 고춧가루를 넣어 불려요.

4. 무채에 불려놓은 고춧가루를 넣고 잘 버무린 다음 김치 양념을 넣고 다시 버무린 뒤 갓, 미나리, 쪽파를 섞고 굴을 넣어 가볍게 버무려요.

5. 배추 사이사이에 버무려놓은 양념을 고루 펴 넣고 배추 겉잎으로 양념이 흘러나오지 않게 돌려 감싸 항아리에 차곡차곡 담고, 김치 버무린 그릇에 물과 소금을 넣고 김치 국물을 만들어 위에 부어준 뒤 절인 배춧잎을 덮고 공기와 접촉하지 않게 꼭꼭 눌러 보관해요.

Tip 맛있는 요리 꿀팁

° 배추는 중간 크기(2~2.5kg)가 적당하고, 배추가 너무 크면 단맛이 적으며, 배추 줄기에 수분이 많아 소금에 절이면 배추 줄기의 수분이 모두 빠져나가고 질겨져요.

° 여름 배추는 껍질이 두껍고 질기며 단맛과 고소한 맛이 적으므로 될수록 껍질이 얇고 속이 적당히 찬 작은 배추를 고르는 게 좋아요.

열무
물김치 ②

한국인의 소울푸드, 김치

냉면이나 국수를 말아 먹기도 하고, 보리밥에 고추장과 함께 넣어 비벼 먹기도 하는 대표적인 여름철 김치이지요. 열무는 섬유질이 풍부하고 칼로리가 낮은 알칼리성 식품이며, 열무 물김치는 비타민과 미네랄이 풍부한 발효 식품으로 여름에 수분과 염분을 보충하기 좋은 반찬이랍니다.

재료

열무(연한 것) 400g
풋배추 200g
굵은 소금 3큰술
홍고추 1개
풋고추 1개
쪽파 25g
고운 소금 1큰술

김치 양념

홍고추 2개
마늘 25g
생강 5g

밀가루풀국

물 3컵
밀가루 3큰술

만드는 법

1. 열무와 풋배추는 다듬어 씻은 다음 4~5cm 길이로 썰어 굵은 소금을 뿌려 30분 정도 절여요. 열무와 섞을 홍고추와 풋고추는 어슷썰고, 쪽파는 다듬어 3~4cm 길이로 썰어요.
2. 물에 밀가루를 넣고 풀국을 끓여 식혀요.
3. 믹서에 김치양념용 홍고추, 마늘, 생강을 넣고 갈아서 김치 양념을 만들어요.
4. 절인 열무와 풋배추를 건져 물기를 뺀 다음 김치 양념과 썰어놓은 홍고추, 풋고추, 쪽파를 넣고 함께 버무려 항아리에 꼭꼭 눌러 담아요.
5. 밀가루풀국을 고운 소금으로 간한 뒤 항아리에 부어요.

> **Tip 맛있는 요리 꿀팁**
>
> ° 밀가루풀국이나 찹쌀풀국은 전분이 당화되어 김치의 발효를 촉진시키고, 젖산균을 생성하며, 열무의 풋내도 나지 않게 하여 맛을 좋게 해요.
>
> ° 열무는 잎이 여리므로 살살 씻어야 풋내가 나지 않고. 너무 오래 절이면 질겨지므로 살짝 절여요.
>
> ° 소면을 삶아 익은 열무김치의 국물을 부어 먹으면 별미예요.

오이송송이 ③

주로 사용하는 백다다기오이는 색이 연하고 돌기가 뚜렷하지 않으며 과육이 연합니다. 샐러드 재료로 주로 쓰이는 오이는 가시오이로, 색이 진하고 돌기가 뚜렷하며 질감이 아삭아삭해요. 오이의 끝부분은 쓴맛이 나므로 조리에 이용하지 않는 것이 좋답니다.

재료

오이(중) 6개
무 ½개
굵은 소금 ½컵
대파 40g
마늘 ½통
생강 5g
고춧가루 ½컵
새우젓 3큰술
고운 소금 ½작은술
설탕 ½작은술

만드는 법

1. 오이는 소금으로 문질러 깨끗이 씻고, 무도 씻어주세요.
2. 오이와 무는 가로세로 2cm로 네모나게 썰어요.
3. 무를 먼저 소금에 절이다가 오이를 넣고 20분 더 절여요.
4. 대파는 깨끗이 손질하여 흰 부분만 다지고, 마늘과 생강, 새우젓도 곱게 다져요.
5. 오이와 무에 고춧가루를 넣고 버무린 다음 다진 파, 마늘, 생강, 새우젓을 넣고 고운 소금과 설탕으로 간한 뒤 항아리에 꾹꾹 눌러 담아요.

Tip 맛있는 요리 꿀팁

° 오이는 형태가 곧으며, 너무 굵지 않고, 껍질에 가시가 돋은 것이 신선하고 좋아요.

° 무와 오이 절인 소금물이 남았으면 무청을 절여 깨끗이 씻은 다음 김치 위에 덮는 우거지로 사용하면 좋아요.

° **오이생채** 오이 250g을 소금 ½작은술에 10분 정도 절여 물기를 빼고, 양념(소금 ¼작은술, 설탕 1작은술, 고춧가루 2작은술, 다진 파 ½큰술, 다진 마늘 1작은술, 통깨 1작은술, 식초 1큰술)을 넣어 가볍게 무치거나 오이 250g에 무침 양념장 2큰술을 넣고 무쳐요.

총각무 김치

④

절인 총각무와 갓, 실파에 양념을 넣고 버무려 담근 김치예요. 총각무는 모양이 옛날 총각들 뒷머리 모양과 같이 생겼다 하여 붙여진 이름이지요. 무청이 파랗고 싱싱하며 몸통은 단단한 것이 좋고, 뿌리 아래가 위보다 넓고 가운데 심이 없는 것이 좋아요.

재료

총각무 2.6kg
실파 100g
갓 100g

총각무 절이기

굵은 소금 1컵
물 3컵

김치 양념

고춧가루 2컵
멸치액젓 ⅔컵
새우젓 2큰술
설탕 2큰술
소금 1큰술
다진 마늘 3큰술
다진 생강 ½큰술

찹쌀풀국 (1컵)

물 1컵
찹쌀가루 2큰술

만드는 법

1. 총각무는 잔뿌리를 떼고 다듬어서 깨끗이 씻어요. 물에 굵은 소금 ½컵을 풀고 나머지 소금은 총각무에 뿌려 절인 뒤 깨끗이 씻어 물기를 빼요.
2. 실파와 갓은 다듬어 깨끗이 씻은 뒤 3~4cm 길이로 썰어요.
3. 새우젓은 건더기를 건져 곱게 다지고, 새우젓국물과 멸치액젓, 찹쌀풀국에 고춧가루를 넣어 불려 김치 양념을 만들어요.
4. 물기를 뺀 총각무에 김치 양념을 넣고 잘 버무린 뒤 실파와 갓을 넣고 가볍게 버무린 다음 항아리에 꾹꾹 눌러 담아요.

> **Tip 맛있는 요리 꿀팁**
>
> ° 총각무김치는 김장을 담그기 전에 동치미와 함께 담가서 김장김치보다 일찍 먹어요.
>
> ° **총각무김치 볶음밥** 팬에 들기름을 두르고 잘게 썬 총각무김치 200g, 햄 50g, 양파 ½개를 넣고 볶다가 찬밥을 넣고 고루 볶아주세요. 마지막에 깨소금을 넣어주세요.

파프리카 백김치
⑤

한국인의 소울푸드, 김치

시원하고 달콤하여 어른이나 아이들이 모두 좋아하는 백김치이지요. 특히 자극적인 맛이 없기 때문에 매운 음식을 잘 못 먹는 이들도 맛있게 먹을 수 있는 김치랍니다.

재료
알배추 3통
무 300g
설탕 1큰술
청갓(겨자잎) 50g
빨간파프리카 1개
노란파프리카 1개
쪽파 50g
부추 30g
청양홍고추 3개

배추 절이기
굵은 소금 1컵
물 3컵

국물 재료
노란 파프리카 3개
배 1개
사과 ½개
양파 ½개
무 ½개
마늘 6개
생강 1톨
생수 5컵

밀가루풀 5컵
야채 국물 5컵
밀가루 2큰술

김치 국물 양념
소금 3큰술
설탕 3큰술
까나리액젓 1큰술

만드는 법
1. 알배추를 세로로 반을 갈라 8시간 정도 절인 후 씻어 1시간 물기를 빼주세요.
2. 무 300g을 가로1cm, 세로 4cm, 두께 0.5cm 크기로 잘라 설탕을 넣고 10시간 정도 절여 건져주고 쪽파와 부추, 청갓은 다듬어 깨끗이 씻어 물기를 제거해주세요.
3. 빨간 파프리카는 속을 제거하고 가로1cm, 세로 4cm로 자르고, 청양홍고추는 둥글게 잘라 씨를 털어내고 준비해주세요.
4. 믹서에 국물 재료와 물을 넣고 갈아 면포에 걸러 밀가루풀과 김치 국물 양념을 넣고 간을 맞춰주세요.
5. 김치통에 알배추 절인 것과 무절인 것, 쪽파, 파프리카, 청양고추, 청갓 순으로 담은 후 김치 국물을 부어주세요.

> **Tip** 맛있는 요리 꿀팁
> ° 급히 백김치가 필요할 때 알배추와 파프리카를 나박썰기하여 담그면 좋아요.
> ° 알배추 대신 양배추를 사용하여 만들어도 맛있어요.

° **브로콜리물김치** 브로콜리 500g은 깨끗이 씻어 송이를 떼고 세로로 납작하게 썰고, 무 200g은 나박썰어 소금에 절인 뒤 홍피망 50g과 마늘 3g, 생강 2g은 채썰어 넣고, 함께 버무려 항아리에 담은 다음 김치 국물(물 10컵, 고운 고춧가루 1½큰술, 고운 소금 3큰술, 설탕 1큰술)을 부어요.

최고의 요리 비법

*김치 담그기

Q 김치를 담글 때는 꽃소금, 맛소금, 천일염 중 어떤 소금을 사용해야 할까요?

A 보통 간수를 뺀 천일염(호렴)을 사용해요. 천일염은 갯벌을 가두어 수분이 증발한 뒤 자연적으로 생긴 소금을 말하며, 각종 미네랄을 함유하고 있고, 염도는 80% 정도로 낮은 편이에요. 간수를 빼지 않은 소금을 쓰면 김치에서 쓴맛이 나요.

- 정제염: 바닷물을 전기 분해하여 중금속 및 불순물을 제거한 소금
- 꽃소금: 천일염을 다시 물에 녹여 재결정한 것으로 천일염보다 짠맛이 강하여 주로 간을 맞출 때 사용
- 맛소금: 정제염에 MSG를 첨가하여 맛을 낸 소금

Q 배추김치를 담글 때 배추의 크기는 1포기당 몇 g 정도가 좋은가요?

A 배추의 크기는 2~2.5kg이 가장 적당하고 맛이 좋아요. 배추가 너무 크면 단맛이 적어요. 또 배추 줄기가 굵어 수분이 많은데, 소금에 절이면 줄기의 수분이 빠져나가 질겨져요.

Q 절인 배추를 씻어서 물기를 뺀 후에 양념소를 넣는 이유는 무엇인가요?

A 물기를 충분히 빼지 않고 소를 넣으면 양념이 잘 스며들지 않아서 맛이 없어요.

Q 오이소박이를 무르지 않게 담그려면 어떻게 해야 할까요?

A 오이를 소금으로 문질러 씻은 다음 오이 꼭지를 잘라내고 적당한 길이로 잘라 십자 모양을 낸 뒤 뜨거운 소금물을 부어 잠시(2분 정도) 절여두면 오이의 표면이 단단해져 쉽게 물러지지 않아요.

Q 열무 물김치에 풀을 꼭 넣어야 하나요?

A 밀가루풀국이나 찹쌀풀국은 전분이 당화되면서 김치의 발효를 촉진시키고 젖산균을 생성하여 열무의 풋내를 제거하고 맛을 좋게 하지요.

최고의 요리 비법

*김치 담그기

Q 김치를 담글 때 우거지나 비닐을 꼭 덮어야 할까요?

A 김치를 김치통에 담고 우거지나 비닐을 덮어 꾹 눌러놓으면 공기가 들어가지 않아서 오래도록 좋은 맛을 유지할 수 있어요. 김치를 꺼낸 다음 김치통에 남은 김치는 다시 꾹꾹 눌러 공기가 들어가지 않도록 해야 맛을 유지할 수 있지요.

Q 김치를 담근 뒤 언제 냉장고에 넣어야 할까요?

A 김치를 담그자마자 곧바로 냉장고에 넣으면 발효균이 제대로 형성되지 않고, 익지 않은 상태로 쓴맛이 생겨 맛이 없어져요. 따라서 김치를 담근 뒤 바로 냉장 보관하지 말고, 서늘한 실온에서 1일 정도 익힌 다음 냉장 보관하는 것이 좋아요.

Q 김치를 담갔는데 싱겁거나 짜면 어떻게 해야 할까요?

A 김치는 익는 과정에서 수분이 나오기 때문에 담근 직후의 맛이 약간 짠 정도로 담가야 해요. 하지만 너무 짜다면 무나 양파를 갈아서 넣고, 반대로 너무 싱거우면 소금보다는 액젓을 넣어 간을 맞추면 돼요.